Bonjour St Barth

Sommaire   Contents

INTRODUCTION

- Les cartes : Les Petites Antilles, l'île de St-Barthèlemy, St-Jean, Gustavia
  Maps : the Lesser Antilles, St Barth, St-Jean, Gustavia 2-7
- Le mot de l'éditeur. Publisher's note 3
- L'île en bref. Brief view of the island 8-15

HISTOIRE

16-25

SOCIETE

- Le parler et le pain, la pierre et la poutre - Language and bread, stone and houses 26-28
- Une paille à l'endroit, une paille à l'envers - Local straw work 29-35
- La peinture à St-Bart - St Barth painters 36-37
- Villkommen in St Barth 38-39
- Parlons « impôts » 40-43

PROMENADE

- Du sable et de l'eau - Sand and water 45
- Saint-Jean 46-51
- Lorient 52-54
- Marigot-Vitet 55
- Pointe Milou - Grand Cul-de-Sac 56-57
- Petit Cul-de-Sac 58-59
- Grand-Fond 60
- Grande Saline - Lurin - Gouverneur 61-63
- Corossol 64-65
- Colombier 66-67
- Flamands - Anse des Cayes 68-69
- La ville de Gustavia, hier et aujourd'hui 70-71
- Les souvenirs de la Suède - Souvenirs of Sweden 72-83
- Gustavia au présent - Gustavia in the 1980's 86-91

NATURE

- La flore de St-Barth - The flora 92-99
- La faune de St-Barth - The fauna 100-105
- Le monde sous-marin de St-Barth - The underwater world ...106-111
- Les requins - Sharks 112-113

LES ILES VOISINES

- Les îlets de St-Barth - Islets of St Barth 114-119
- Anguilla 120-122
- Saba 123-125
- Station (St-Eustache) 124-127
- St Kitts (St-Christophe) 126-129
- Nevis 130-132
- St-Martin 132-133

PAGES PRATIQUES

134-140

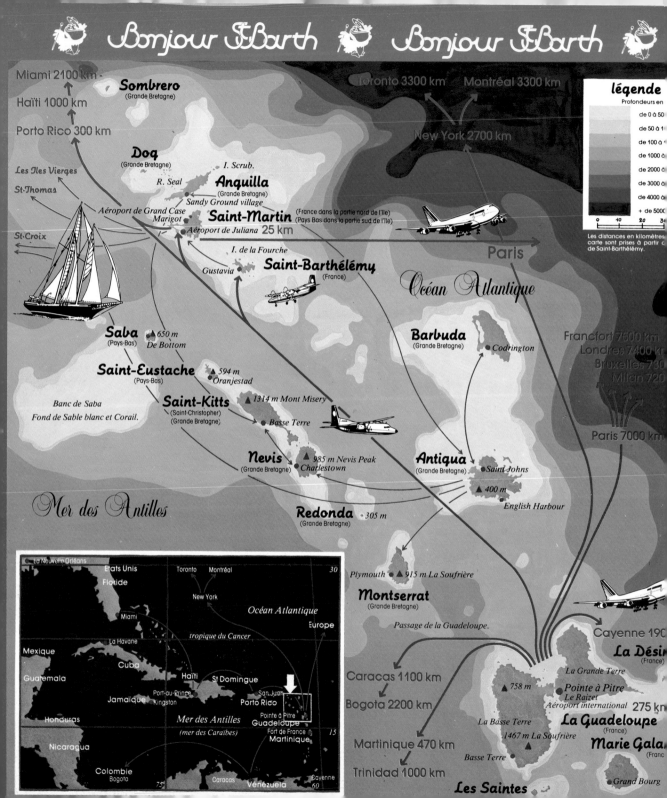

Miami 2100 km
Haïti 1000 km
Porto Rico 300 km

Sombrero
(Grande Bretagne)

Toronto 3300 km   Montréal 3300 km

New York 2700 km

légende
Profondeurs en

de 0 à 50
de 50 à 1
de 100 à
de 1000 à
de 2000 à
de 3000 à
de 4000 à
+ de 5000

Les distances en kilomètres
carte sont prises à partir d
de Saint-Barthélémy.

Doq
(Grande Bretagne)

I. Scrub.

R. Seal

Anquilla
(Grande Bretagne)

Sandy Ground village

Les Iles Vierges

St·Thomas

Aéroport de Grand Case
Marigot
Aéroport de Juliana

Saint-Martin
(France dans la partie nord de l'Île)
(Pays Bas dans la partie sud de l'Île)
25 km

St·Croix

I. de la Fourche

Gustavia

Saint-Barthélémy
(France)

Paris

Océan Atlantique

Barbuda
(Grande Bretagne)

Codrington

Francfort 7500 km
Londres 7400 km
Bruxelles 730
Milan 720

Saba
(Pays-Bas)
▲ 650 m
De Bottom

Saint-Eustache
(Pays-Bas)
▲ 594 m
Oranjestad

Banc de Saba
Fond de Sable blanc et Corail.

Saint-Kitts
(Saint-Christopher)
(Grande Bretagne)

▲ 1314 m Mont Misery
● Basse Terre

Paris 7000 km

Antigua
(Grande Bretagne)
● Saint Johns

▲ 400 m

English Harbour

Nevis
(Grande Bretagne)
▲ 985 m Nevis Peak
Charlestown

Mer des Antilles

Redonda ● 305 m
(Grande Bretagne)

Plymouth ● ▲ 915 m La Soufrière

Montserrat
(Grande Bretagne)

Passage de la Guadeloupe.

Cayenne 190

La Dési
(France)

La Grande Terre

▲ 758 m

Pointe à Pitre
Le Raizet
Aéroport international   275 km

La Guadeloupe
(France)

Marie Gala
(Franc

La Basse Terre

1467 m La Soufrière ▲

Basse Terre

Les Saintes   ● Grand Bourg

Caracas 1100 km

Bogota 2200 km

Martinique 470 km

Trinidad 1000 km

Inset map:

La Nouvelle Orléans

Toronto   Montréal   30

Etats Unis
Floride

New York

Océan Atlantique

Europe

tropique du Cancer

Miami

La Havane

Mexique

Cuba

Haïti

Guatemala

St Domingue

Port-au-Prince
Kingston

Jamaïque

San Juan
Porto Rico

Pointe à Pitre
Guadeloupe
Fort de France
Martinique   15

Mer des Antilles
(mer des Caraïbes)

Honduras

Nicaragua

Colombie
Bogota

75

Caracas
60

Vénézuela

Cayenne

Le mot de l'éditeur

Le voilà le visa pour l'île du bonheur tel que votre rêve l'a façonné.

Vous l'abordez, ou plutôt vous la survolez prudemment, comme pour amadouer ses contours frangés. Il vous a été difficile d'atteindre cette émeraude lovée au creux de l'arc des Caraïbes, aussi discrète que méconnue. Le voyage est long et laborieux et puis vous atterrissez sur cette piste qui fond dans l'eau, sur ce minuscule aéroport aux proportions de poupée.

Oui, vous êtes des « Privilégiés » : vous appréciez la beauté rare des choses précieuses ; St-Barth n'est pas accessible à tous les caprices. Il vous a fallu mettre le prix dans votre désir. Le soleil est là, bien sûr, compagnon intime de l'eau, des palmes, des femmes qui le séduisent.

Les habitants font corps avec cette terre à peine émergée, difficilement conquise, arrachée à l'aridité, aux invasions, aux velléités politiques, subissant la colère des vents. Tous les St-Barths sont doux, aimables et prévenants, tous d'une même tribu, d'une même famille car il est rare que l'autre ne soit pas son cousin qui lui-même est parent du conjoint. Famille blonde soucieuse de ne pas se laisser grignoter par des indélicats qui viendraient rompre son harmonie.

Pour qu'ils vous adoptent il vous faudra faire vos preuves et devenir l'un de ses membres, triés sur le volet de couleur dont il ferme leurs maisons de lattes. Ils sont sages, calmes et posés, ils respectent les vieux cocotiers, les vieux coraux, les vieux galets. Leurs bébés ne vont pas dans des crèches, les anciens meurent au chaud entourés des leurs. Ils respectent la famille et la propriété, la coiffe normande de l'ancêtre, la tradition polie longtemps par les ans.

« Tousrisques » qui arrivez les poches vides et les manches retroussées. Changez de cap, changez de vol. Oubliez cet accent de jade pur dont les plages blanches soulignent la candeur courtoise. Cette île n'est pas pour vous. Gagnez votre visa pour l'île du bonheur.

Publisher's note

Here's your visa for the happy island of your dreams. You land on it, or rather fly cautiously over the fringe of its shore.

It has been difficult to reach this jewel lying in the curve of the great arc of Caribbean islands. The island is as modest as it is little-known. Getting there is a laborious business - and then suddenly you land which seems to dissolve into the sea at a minute airport on a scale with a doll's house.

Yes you are « privileged » : you appreciate the rare beauty or precious things. St-Barth is not accessible to just any whim. You have to pay the price. The sun shines there of course, companion to the water, the palms and the girls on the beach.

The islanders are part of this little land in the sea ; they conquered it with difficulty, tearing it away from its aridity, protecting it against invasion and the whims of politics, suffering the anger of the wind. All the « St-Barths » are soft-mannered, friendly and considerate. The islanders are all members of the same « tribe »,or even the same family since it is common for Jacques to be Henri's cousin and also related to Henri's wife. It is a big fair-haired family which doesn't like intruders to come and disturb its harmony.

If you want to be adopted you will have to prove your worth before you become a member. The islanders are wise, calm and steady. They respect the old coconut palms, the old coral and the old pebbles. They don't farm out their babies in creches. The old people die at home surrounded by their own people. They respect the family and property ; they respect the Norman bonnets worn by the old ladies and the traditions which have acquired a smooth patina over the years.

But St-Barth isn't an island for those whose pockets are empty and who rely on a bit of charity to pay for their vacation. Turn around, change your destination - this island is not for you. You have to earn your visa for the happy island.

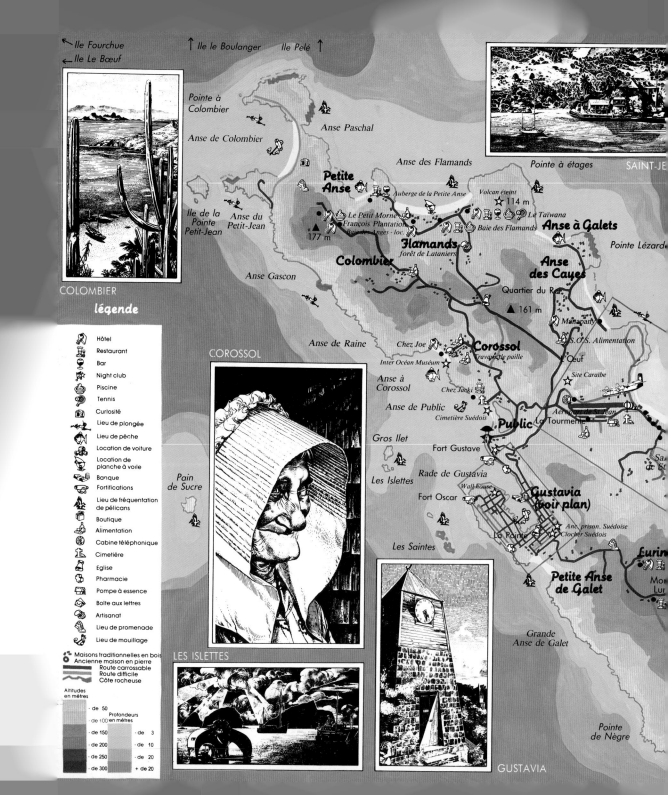

← Ile Fourchue
← Ile Le Bœuf
↑ Ile le Boulanger   Ile Pelé ↑

Pointe à Colombier

Anse Paschal

Anse de Colombier

Pointe à étages

SAINT-JE

Anse des Flamands

Pointe à
Colombier

**Petite
Anse**

Auberge de la Petite Anse

Volcan éteint
☆ 114 m

Le Taïwana

Anse à Galets

Le Petit Morne
François Plantation
Baie des Anges - loc.

Baie des Flamands

Pointe Lézarde

177 m

Flamands
forêt de Lataniers

Colombier

**Anse
des Cayes**

Ile de la
Pointe
Petit-Jean

Anse du
Petit-Jean

Quartier du Ro.

Anse Gascon

▲ 161 m

COLOMBIER

Manapany

S.O.S. Alimentation

légende

Anse de Raine

Chez Joe

Corossol
Travaux de paille

L'Œuf

Site Caraïbe

COROSSOL

Inter Océan Muséum

Anse à
Corossol

Chez Jacki

Aéroport de St-Jean

Anse de Public

Cimetière Suédois

Public
La Tourmente

Gros Ilet

Fort Gustave

Pain
de Sucre

Rade de Gustavia

Sa.
de St

Les Islettes

Wall house

Gustavia
(voir plan)

Fort Oscar

Lurin

Les Saintes

Anc. prison. Suédoise
Clocher Suédois

La Pointe

**Petite Anse
de Galet**

Mon
Lur

LES ISLETTES

Légende:

- 🏨 Hôtel
- 🍴 Restaurant
- 🍷 Bar
- 🎭 Night club
- Piscine
- 🎾 Tennis
- Curiosité
- Lieu de plongée
- 🐟 Lieu de pêche
- Location de voiture
- Location de
  planche à voile
- Banque
- Fortifications
- Lieu de fréquentation
  de pélicans
- Boutique
- Alimentation
- Cabine téléphonique
- Cimetière
- Église
- Pharmacie
- Pompe à essence
- Boîte aux lettres
- Artisanat
- Lieu de promenade
- Lieu de mouillage

❖ Maisons traditionnelles en bois
Ancienne maison en pierre
Route carrossable
Route difficile
Côte rocheuse

Altitudes
en mètres

- de 50
- de 100
- de 150
- de 200
- de 250
- de 300

Profondeurs
en mètres

- de 3
- de 10
- de 20
- + de 20

Grande
Anse de Galet

Pointe
de Nègre

GUSTAVIA

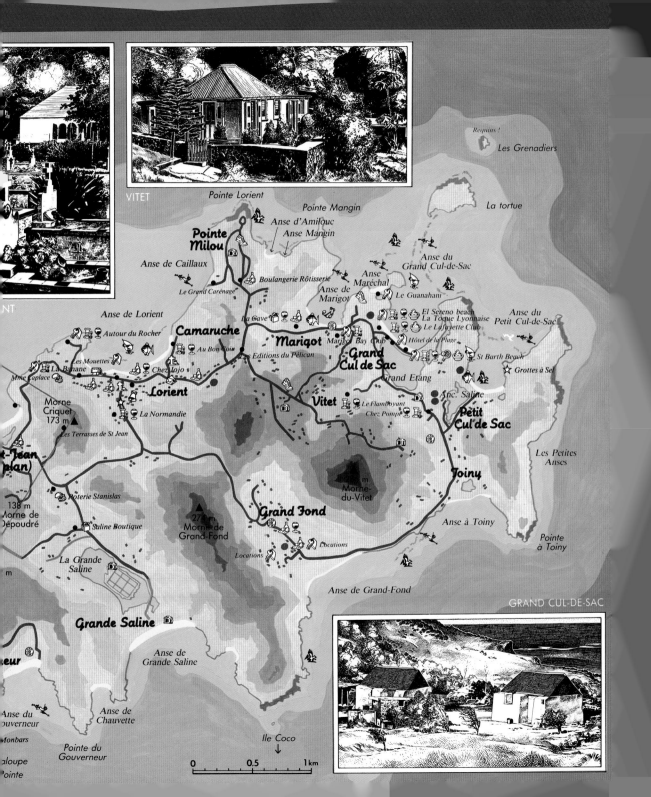

VITET

Pointe Lorient

Pointe Mangin

Anse d'Amilouc
Anse Mangin

Requins !

Les Grenadiers

La tortue

**Pointe
Milou**

Anse de Caillaux

Le Grand Carénage

Boulangerie Rôtisserie

Anse du
Grand Cul-de-Sac

Anse
Maréchal

Le Guanahani

Anse de
Marigot

Anse du
Petit Cul-de-Sac

Anse de Lorient

La Cave

El Sereno beach
La Toque Lyonnaise
Le Lafayette Club

Autour du Rocher

Camaruche

Marigot

Au Bon Coin

Marigot Bay Club

Hôtel de la Plage

St Barth Beach

Les Mouettes

Les Éditions du Pélican

**Grand
Cul de Sac**

Grottes à Sel

La Banane

Chez Jojo

Grand Étang

Mme Laplace

Lorient

Anc. Saline

Vitet

Le Flamboyant
Chez Pompi

**Petit
Cul de Sac**

Morne
Criquet
173 m

La Normandie

Les Terrasses de St Jean

Les Petites
Anses

Toiny

t-Jean
plan)

Poterie Stanislas

Morne-
du-Vitet

138 m
Morne de
Dépoudré

Suline Boutique

Grand Fond

Anse à Toiny

Pointe
à Toiny

Morne de
Grand-Fond

Locations

m

La Grande
Saline

Locations

Anse de Grand-Fond

GRAND CUL-DE-SAC

Grande Saline

Anse de
Grande Saline

eur

Anse du
ouverneur

Anse de
Chauvette

Ile Coco

Monbars

aloupe
ointe

Pointe du
Gouverneur

0   0.5   1 km

Saint-Jean

vers Public et Corossol • Calvaire

vers Gustavia • vers Colombier et Flamands

Quartier du Roi

Anse des Cayes

• 101 m

46 m
Col de la tourmente

• 94 m

Fort Anglais

La Tourmente

Site Caraïbe
Ancien Aéroport de St Jean

Douanes

Air Guadeloupe

Aviation Civile

Pompiers

Château

• 36 m
Le Goutre

Centre commercial

Aérogare Gustave III

Les Amandiers

Pointe à Poquet

essence

Domaine de la Retraite

Cimetière

Monte au Ciel

Plaine de St Jean

Kerjan

complexe sportif

Le Tom Beach

Baie de Saint-Jean

• 41 m

Emeraude Plage

La Roche Ronde

Le Filao Beach

Le Morne Tourterelle

• 59 m

Saline de St Jean

L'Ilette

L'Eden Rock

Quartier Saint-Jean

Hobie Cat Center

Le Tropical

Les Bougainvilliers
Les Trois Chalets

Coupe Gorge

Sous la Falaise

vers Lorient

Le Village St Jean

Etang de St Jean

La Villa Créole

Les lauriers

Point de vue

P.L.M. Jean Bart

La Croix
Calvaire •

Super Saint Jean

vers Lurin et Saline

Le Morne de Dépaudré

• 138 m

Les Jardins de St Jean

vers Saline et Lorient

Le Morne Criquet

• 173 m

	Altitudes en mètres
	0 plage
	de 0 à 10
	de 10 à 20
	de 20 à 30
	de 30 à 40
	de 40 à 50
	de 50 à 60
	de 60 à 70
	de 70 à 80
	de 80 à 90
	de 90 à 100
	de 100 à 110
	de 110 à 120
	de 120 à 130
	de 130 à 140
	de 140 à 150
	de 150 à 160
	plus de 160

0   50

Gustavia

Point de vue
Fort Gustave
Monument N...
Vers St Jean
Phare
Calvaire
Point de vue
Vers Public
Fort Anglais

Fort Oscar
Zone militaire
Sweden Barracks
Wall House
rue Duquesne

rue Chanzy

rue Stivater

La Presqu'île

rue de la République

rue Auguste Nyman

rue Couturier

7

rue de la France

Marina

rue du Roi Oscar II

Marché

20
8
9
10

rue du bord de Mer

rue du Général De Gaulle

rue Lafayette

11

rue de la Paix

rue de la Guadeloupe

Rade de Gustavia

12

rue Jeanne d'Arc

Anc. maison Suédoise

Anc. citerne Suédoise

Ancre anglaise

rue Sadi Carnot

Chez Cocotte
rest. créole.

Anc. maison Suédoise

13

The Must - Discothèque

rue Courbet

rue Victor Hugo

rue Gambetta

rue de l'Eglise

L'Hibiscus

17

rue du Presbytère

14

Fort Karl

Vieux Clocher suédois

Anc. pris. suédoises

15

Presbytère

16

18

10

rue de la Colline

rue Jean-Bart

rue Schælcher

rue Dugommier

ADMINISTRATIONS

1 Station météorologique
2 Dispensaire
3 Bibliothèque municipale
4 Office du Tourisme
5 Police

6 Mairie
7 Droit de Quai
8 Pompiers
9 Monument aux Morts
10 P.T.T.
11 Gendarme
12 E.D.F.
13 Eglise Anglicane

14 Eglise Catholique
15 Sous-Préfecture
16 Perception
17 Cantine scolaire
18 Groupe scolaire
19 Hôpital
20 D.D.E.

Altitudes en mètres

voie carrossable	de 60 à 70 m
voie difficile	de 50 à 60 m
côte rocheuse	de 40 à 50 m
zone interdite	de 30 à 40 m
	de 20 à 30 m
	de 10 à 20 m
	de 0 à 10 m
	plage

Petite Anse de Galet

Vers Lurin

Plage
Coquillages

L'île en bref
Brief view of the island

Saint-Barthélemy — prononcez « Saint-Barthèl'my », ou dites plus amicalement, comme tout le monde, « Saint-Barth » — est une île au vent des Petites Antilles. Parallèle 17°55 et 62°50 au méridien.

Environ 3 000 Saint-Barths occupent les 25 km² de rochers et de pentes de cette île sans rivière, entourée d'un collier d'îlots déserts, véritable bestiaire (les Baleines, l'Ane Rouge, Roche le Bœuf, île Chevreau, Frégate, Tortue, et plus loin, la Poule et les Poussins) ou bien îlets aux noms tout aussi colorés (île Coco, les Saintes, le Pain de Sucre, les Islettes, Petit Jean, île Fourchue, le Boulanger, île Pelé, Toc Vers, les Grenadiers).

Saint-Barth est à 30 km de Saint-Martin, à 65 km de Saint-Kitts et à 230 km au nord-ouest de la Guadeloupe dont l'île dépend administrativement, comme les 4 « dépendances » de ce département français (immatriculation : 97-1), les Saintes, Marie Galante, la Désirade et Saint-Martin.

Saint-Barthélemy est administrée par un maire et son conseil municipal, comme toutes les communes de France. Gustavia, port franc et ville principale est le siège de la mairie, et d'une sous-préfecture. Le sous-préfet, Commissaire adjoint de la République représentant nommé par le gouvernement français pour les deux dépendances du Nord, Saint-Barth et Saint-Martin, visite régulièrement Saint-Barth, mais réside habituellement à Saint-Martin. Saint-Barthélemy est représentée au Conseil Général de Basse Terre en Guadeloupe par un élu qui siège au sein de cette assemblée responsable de l'exécutif dans l'ensemble du département.

VS

Saint Barthèlemy, known more often as ''St Barth'' (the ''h'' is silent), is one of the smallest of the Leeward Islands and lies near the top of the arc of Caribbean islands which stretches from Hispaniola to Trinidad. At 17°55' N by 62°25' W, St Barth is 13 miles from St Maarten/St Martin and 140 miles from Guadeloupe. Other islands in the vicinity include St Kitts, Nevis, St Eustatius (Statia) and Anguilla, most of which can be seen from St Barth on a clear day.

Rocky and steep with no streams or rivers, St Barth is surrounded by a scattering of uninhabited islets with colorful and unusual names : Les Baleines (the Whales), Ane Rouge (Red Donkey), Beef Barrel, Ile Chevreau (Goat Island), Frégate (Frigate), Tortue (Turtle), Hen and Chicks, Ile Coco, Les Saintes, Pain de Sucre (Sugarloaf), Les Islettes, Petit Jean, Isle Fourchue, Le Boulanger (the Baker), Ile Pelé (Bare Island), Les Grenadiers, etc. The island is small (9 1/2 square miles) and has a permanent population of about 3 000.

St Barth, St Martin, les Saintes, Marie Galante and la Désirade are dependencies of Guadeloupe, which is a fully-fledged French *departement*. Like everywhere else in France, St Barth is administered by a mayor and a municipal council. The city hall and the sub-prefecture are both in Gustavia, capital and free port. A *sous-préfet* represents the French government in St Barth and St Martin but lives on St Martin.

Naissance

« Au commencement étaient la mer et les couleurs. De l'eau jaillit un rocher, différent et à l'écart des autres îles. Ecueil solitaire, le roc disparut deux fois sous les flots. Mais tenace, il émergeait toujours à nouveau. Et il fut dit qu'à la troisième apparition, il resterait du côté du soleil. Le sel recouvrant le rocher se dilua peu à peu dans l'océan. Les pélicans vinrent s'embusquer sur ses arêtes avant de s'élancer dans leur chasse plongeante. Les graines que les oiseaux apportaient purent enfin s'agripper aux lézardes des rochers et prendre racine entre les cailloux. L'îlot aride s'habilla de la cape d'un prince charmant.

Le jeune seigneur recevait dans son sommeil la visite de guerriers venus du sud qui lui attribuèrent le nom de « Ouanalao ».

Seules ombres à son manteau beau et simple, l'épais feuillage des poiriers (rien à voir avec l'arbre familier des vergers tempérés) et le tronc dur des majestueux gaïacs. Un jour enfin le Prince Charmant s'éveilla, appelé de la mer par les ordres des gentilshommes et les cris rocailleux des marins normands. Les nouveaux venus prirent soin de lui au point de rendre son habit encore plus beau, faisant pousser pour leur survie à tous, arbres à pain, manguiers, citronniers, orangers, et beaucoup plus tard une entière forêt du précieux latanier... ».

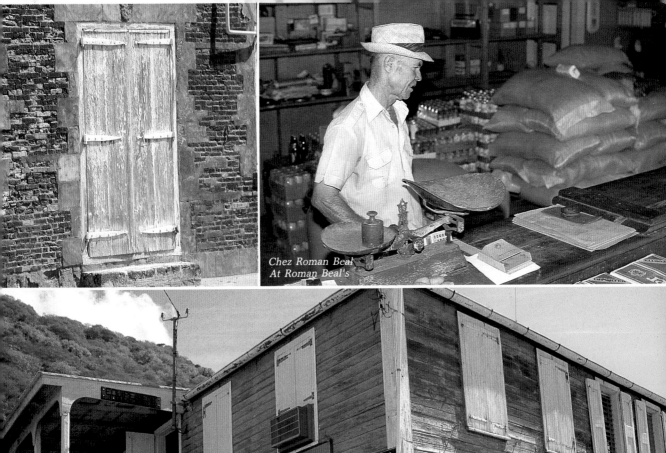

Chez Roman Beal
At Roman Beal's

La caserne des pompiers, rue du Roi Oscar II
The Fire House in Rue Oscar II

Point de départ du tourisme : l'Eden Rock
Tourism began here : Eden Rock

La dame qui perpétue le récit de la naissance de Saint-Barthélemy, habite toujours une maison séculaire, dans le bourg, au fond de la rade de Gustavia. Son île, sortie un jour de la mer d'Emeraude, elle l'a connue bien pauvre aussi, mais ne l'a jamais vue pleurer. Elle croit au paradis, et aux sortilèges qui transforment la pierre et la terre en paradis. C'est pour cela que, fillette déjà, lorsqu'elle quittait sa maison de la rade, et embarquait pour des voyages lointains, son cœur restait au pays des pélicans. En remontant bien dans ses origines, on rencontre des Irlandais. Elle reconnaît aux Suédois le mérite d'avoir fait un grand bien à son île, et inversement reproche à la France de l'avoir trop souvent oubliée. Mais, enflammée, la dame se présente « deux fois française », une fois par son père, et une fois par sa mère. En vérité, c'est une Saint-Barth.

Avec humour ou recueillement, elle parle comme dans les contes. Elle chante aussi, comme aux siècles passés, dans les campagnes françaises, quand on n'écoutait que son cœur. D'ailleurs, la dame n'aime que les bons, et se dérobe devant les méchants. Elle vit la magie côté lumière et fuit les maléfices qui lui semblent venir d'autres Antilles, de ténèbres qu'elle ignore. Son île à elle, ne vit que de soleil et n'a pour mystères que les secrets du pays des Merveilles.

Birth of the island

"In the beginning there was the sea and the colors. A rock burst out of the sea. It was different, and separated from the other islands. As a lonely reef, it disappeared twice under the waves. But it stubbornly emerged again and it is said that the third time it remained in the light of the sun. Its salt crust gradually dissolved into the ocean. Pelicans came to rest on its stony ribs between fishing expeditions. Birds brought seeds which finally managed to gain a hold in cracks in the rock and take root. The barren islet thus acquired "Prince Charming's cloack". The young prince was visited in his slumber by warriors from the south. The warriors named him "Ouanalao".

The thick foliage of the pear trees (which have nothing in common with the tree found in temperate orchards) and the tough trunks of the majestuous guaiacum trees gave the only shade.

Finally, one day Prince Charming awoke, called from the sea by orders given by French gentlemen and by the rough shouts of Norman sailors. The newcomers took good care of him and added to the beauty of his "cloak" by planting breadfruit, mango, lemon and orange trees so that men could survive there. Much later, they planted a whole forest of precious latanias".

The lady who keeps alive the story of the birth of St-Barthélemy still lives in an old, old house at the far end of Gustavia harbor. She has seen her island very poor, but has never known it to cry. She believes in paradise and believes in magic which can turn earth and stone into pradise. That is why, even as a child, when she left home for long trips her heart stayed in the land of the pelicans. She has some Irish ancestors way back, and considers that the Swedes did a great deal of good in the island. The French however come in for some criticism — they forgot about St Barthélemy too often. But the lady insists that she is "twice French" — by both her mother and her father. In fact, she's a genuine St Barth islander !

Avertissement

Saint-Barth est une Antille comme les autres, mais elle est tellement différente ! Comme ses cousines de la Caraïbe, l'île a reçu le même peuplement, a essuyé les mêmes bousculades de l'histoire, a partagé le même sort face aux épidémies, aux cyclones et aux massacres.

Les ancêtres des familles actuelles, quelques dizaines de noms à peine dans l'annuaire des téléphones, se sont embarqués un jour à Dieppe, Nantes, Bordeaux, La Rochelle ou Marseille, venant de toute la France. Ils quittaient ce royaume terrien poussés dans les ports par les crises de la déjà vieille Europe, et allaient chercher survie et fortune aux Indes Occidentales. Là, ils tentaient d'enraciner des sociétés meilleures, nées de l'amalgame parfait de toutes les provinces de la France du XVIIe siècle qu'ils représentaient. Et comme les rois d'Europe s'entredéchiraient aussi aux Isles d'Amérique, Saint-Barthélemy, comme les autres, changea souvent de main.

Ça, c'est un peu de l'histoire de toutes les Antilles. Mais Saint-Barthélemy ne changea jamais de cœur, et ça c'est essentiellement différent des autres Antilles.

Des rocailles et des mornes envahissants, sa topographie en un mot a épargné à l'île la fièvre du sucre et l'esclavage industriel. Ça saute aux yeux une Antille sans nègres et sans punch pays ! Sommes-nous bien aux Antilles ? Sans aucun doute.

Du rhum et de l'alcool, les marins n'en ont jamais manqué. On en vend même plus qu'ailleurs et il en vient de partout. Les esclaves non plus n'ont jamais fait défaut. Mais les cinq-cents noirs (chiffre qui n'est pas négligeable pour la population de l'île) n'ont jamais servi, comme leurs frères, de formidable outil de production des îles à sucre. Entre les murs de cailloux, sur l'herbe pauvre conquise sur le rocher, les damnés de la terre étaient, aux champs, aussi blancs que noirs. Servantes et journaliers vivaient, travaillaient au coude à coude avec leurs maîtres, et aux prises avec la même pauvreté. Un détail qui change tout. Saint-Barth est restée une île blanche.

Dès le XVIIIe siècle, des voyageurs s'émeuvent de la forte personnalité de ces habitants de Saint-Barthélemy. Terriens rudes, accrochés à une terre qui semble ne leur vouloir que du mal, mais qu'ils ont fini par apprivoiser quand même. Ils sont opiniâtres, honnêtes mais tracassiers, renfermés sur eux-mêmes, n'ouvrant la bouche que pour des querelles de voisinage. Ils ne pensent qu'à faire pousser des murs de pierres pour délimiter de ridicules petites parcelles d'herbes pauvres qu'ils défendent jalousement. C'est tout l'envers d'une « belle » colonie.

Une image chère à Saint-Jean : les petites barrières blanches de l'aéroport !   CJ

A much-loved feature of St Jean : the little white fence at the airport !

Ce portrait peu amical de l'île est encore chargé par les voyageurs qui s'inquiètent de sa santé. Isolés sur leur îlot, voire dans les quartiers de cet îlot, les St-Barths se marient entre cousins, et à un rythme où l'on ne tarde pas à tourner en rond. Cette allusion génétique désobligeante, a la vie dure, et surtout, ceux qui la perpétuent semblent ignorer jusqu'au XIXe siècle, il n'en allait guère autrement sur l'étendue du royaume de France. Encore aux colonies avait-on le privilège de rencontrer des individus plus variés que n'en côtoyaient à la même époque les paysans européens qui n'étaient pas tous placés sur les routes des invasions, mais tendaient plutôt à s'en écarter.

L'ouverture de l'île aux idées et au monde moderne lui a évité, depuis des années, les conséquences d'une promiscuité effectivement nuisible et menaçante pour les dernières îles blanches des Antilles.

Pour des raisons naturelles et du fait de leur volonté, les St-Barths gardent chez eux l'esprit d'une grande famille où, bien entendu, on se chipote entre cousins, mais où l'on s'occupe, à l'écart des regards indiscrets, de son linge sale comme de son linge propre. Rien de très surprenant.

Si l'île se montre aussi jalouse de ses traditions, c'est que celles-ci ne sont pas encore entrées dans le folklore. Elles occupent une place pleine et entière dans la vie quotidienne.

Les vieilles dames au visage caché par la calèche et la quichenotte, à la mode des paysannes poitevines ou normandes d'autrefois, ne font pas des manières. Et ce n'est pas pour la galerie que les hommes sortent l'accordéon, un morceau du cœur des marins, pour en tirer les souffles chaleureux et plaintifs des noces rustiques d'autrefois. Les vieux patois sont des langues vivantes, et les maisons typiques, différentes d'un côté à l'autre de l'île, fortement ancrées dans le paysage, se soucient bien peu des nouveaux venus.

Les St-Barths protègent leur patrimoine avec force et naturel, mais ne ferment jamais la porte à ceux qui veulent le connaître.

Il y a une double tradition à Saint-Barthèlemy dont les racines plongent à la fois en pays terrien et en pays marin. Insulaires renfermés, soit, mais aussi hommes de la côte. Les St-Barths répondent toujours avec intérêt et dynamisme à ceux qui leur apportent l'ouverture. Le siècle suédois, les trafics maritimes, le

11

Quatre générations en une photo !
Four generations in the same photo !

VS

démarrage des échanges aériens, le tourisme galopant ne leur ont pas fait peur. Ils n'en sont d'ailleurs jamais sortis perdants. Aussi, pas de fausses impressions, les habitants de St-Barth sont secrets, mais aussi, beaucoup plus qu'accueillants : ils adoptent. Ils aiment ceux qui viennent sans tapage leur donner leur confiance. Mais sur leur tranquillité, ils sont chatouilleux. Sachez que dans l'île, dont ils entendent rester les maîtres, le respect des personnes et les coutumes peuvent faire force de loi. On a déjà vu des indésirables et des tapageurs vertement éconduits ou rejetés à la mer.

Cela est bon à savoir, étranger qui passe, et c'est un conseil de vrais amis. Les amis de St-Barth.

Foreword

St Barth is a West Indian island like the others — but it is very different all the same ! It has been populated in the same way as the other Caribbean islands, the same currents of history have flowed over it and it has suffered the same epidemics, hurricanes and massacres.

The ancestors of today's islanders (only a few dozen names in the phone book) came from from all over France, embarking at Dieppe, Nantes, Bordeaux, La Rochelle or Marseilles. They left the crises of an already ageing Europe to seek their fortunes in the West Indies. There, they tried to set up a better society from the best of all the 17th century French provinces that they represented. And since the kings of Europe were clawing at each other even in the remote American islands, St Barth — like the others — frequently changed hands.

Such is the history of the whole of the Antilles. However, unlike the other islands, St-Barth never changed its heart : this is the essential difference.

The stony, bony topography of St-Barth preserved it from the sugar boom and from industrial slavery. It's a striking feature : a West Indian island with no blacks and no local punch ! Is this still the Caribbean ? Oh, yes it is !

The sailors have never lacked rum and other drinks. In fact more is sold here than elsewhere, and it is imported from all over the place. There were always slaves too. There were 500 of them (a significant figure when seen in the light of the island's population), but they were never used to form the incredible production tool of the ''sugar islands''. On the meager grass of St Barth, between the drystone walls, the damned of the earth were both white and black. Master and servant worked side by side, fighting the same poverty. This feature changed everything. St-Barth has remained a white island.

Even as long ago as the 18th century travellers were impressed by the strong personality of the islanders. They were tough farmers who clung to a particularly ungenerous part of the earth

but which they finally managed to tame. They were stubborn, honest and somewhat cantankerous ; they were withdrawn and only opened their mouths to squabble with their neighbours. They thought only of building stone walls to enclose ridiculous little plots of thin grass which they then defended jealously. It was the opposite of an elegant colony.

This uninspiring portrait of the island was aggravated by travellers who wondered about its health. Isolated on St-Barthélemy, or even keeping to certain parts of the island, the locals were said to intermarry to such an extent that they ended up backtracking their own steps. This unpleasant genetic allusion was repeated for years. However, it should be remembered that the situation was much the same throughout France itself until the 19th century. In fact, there was more chance of meeting a greater variety of people in the colonies that in rural parts of the Europe where, for obvious reasons, peasants did not all live along invasion routes but tended to keep away from them.

For reasons of environment and also because that's the way they like it, the islanders have a great family spirit. Of course they argue and quarrel amongst themselves but they hide this from eavesdropping outsiders.

There is nothing strange about this. The island is keen to safeguard its traditions because they still very much alive and form part of everyday life. The old ladies who wear a *calèche* or *quichenotte* (kiss-me-not) bonnet are not putting on an act for the tourists. They are dressed in the fashion of Poitou or Normandy of yesteryear. And when the men draw an old seashanty out of their accordeons with all the plaintive warmth of a country wedding of long ago, it is not for the public.

The various old *patois* remain very much alive, and the houses — different styles in different parts of the island — are firmly anchored in the landscape and care little about newcomers.

The St Barth islanders protect their heritage but never slam the door in the face of those who want to learn about it. Traditions in St-Barth have double roots — land and sea. The islanders are insular but also open to dynamism from outside. They were not frightened by the Swedish century, the growth of maritime trade, the beginning of air travel or the tourist explosion. They have never come out losers.

They give a false impression — they are secretive but they have a welcoming spirit and will adopt you. But you must approach them honestly. Don't try to impress them. And respect their peace and quiet. Remember that they intend to remain masters of their island and the respect of persons and customs can have force of law. It has been known for various indesirables and troublemakers to be thrown out of St-Barth.

All this is useful to know. It's friendly advice from the friends of St Barth.

Haut : nouveau visage à St-Jean. Ambiance « carte postale » à Marigot. Bas : les plages de l'Atlantique sont appréciées des véliplanchistes.
Top : new look at St Jean. Postcard atmosphere at Marigot.
Bottom : the Atlantic beaches are a big draw for boardsailers.

Bonjour St'Martin

Les Éditions du Pélican

S. Bernard - J.M. Renault

Guide touristique et pratique
full text in english too

Découvrez St-Martin avec le guide du Pélican

Deux battements d'ailes de pélican et vous y êtes. Depuis Saint-Barth, vous ne pouvez manquer la visite de cet autre terroir français perdu dans la zone « dollar » des Petites Antilles. « Bonjour Saint-Martin » c'est avant tout la présentation dans le menu détail de 40 plages de sable blanc, mais c'est aussi un kaléidoscope centré sur un caprice de l'histoire : une seule île pour deux nationalités, deux capitales, deux langues, deux administrations et deux 747 hebdomadaires, directs depuis Paris, mais ni taxe, ni frontière.

Full text in english too

Des livres passionnants dans lesquels on a plaisir à voyager

« LA GUADELOUPE ». Réunis en dossiers émaillés d'anecdotes (les petits métiers, le créole, la magie noire, l'habitat, les fleurs etc. les aspects physiques et humains de ce département français d'Outre Mer (dépendances comprises). De quoi satisfaire les assoiffés de la pellicule comme les inconditionnels de l'huile solaire. Lire absolument les conseils de savoir vivre aux Antilles livrés par « Tibitin » en bandes dessinées. 136 pages couleurs.

« BONJOUR LES SAINTES ». Dans les petits yeux clairs des Saintois brillent encore les exploits de leurs ancêtres, les flibustiers. De l'action avec le récit de la célèbre bataille des Saintes, de l'amour avec la légende de la princesse Caroline et de la féérie avec un chapitre complet sur le monde sous-marin des Antilles. 98 pages couleurs. Couverture souple et brochée. Textes bilingues Français + Anglais.

« BONJOUR LA MARTINIQUE ». Que de singularités pour cet autre département français d'Outre-Mer ! Le meilleur rhum « agricole » du monde. Une île qui a tant pleuré en 1902 lorsque l'explosion de la Montagne Pelée a réduit en cendres la ville de St-Pierre et ses 30 000 habitants, qu'elle a encore aujourd'hui du rire à rattraper. 132 pages de cocotiers en couleurs.

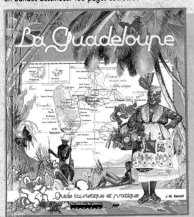

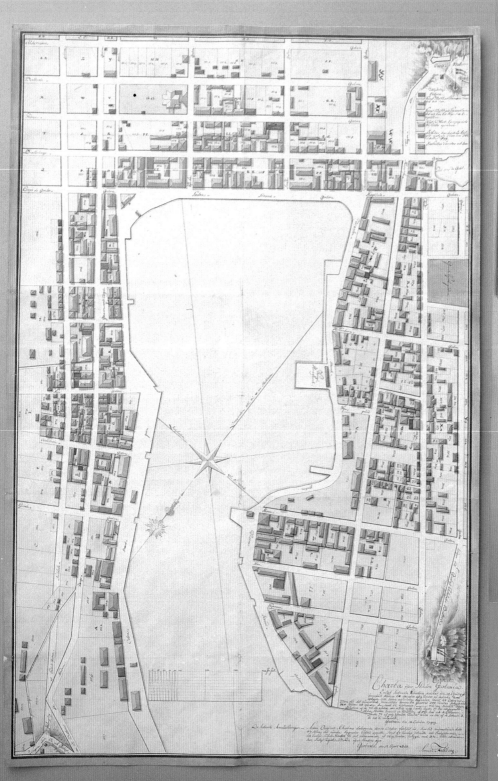

HAMNEN L. CARINAGE und OEN S. BART LEMŸ Uptagen och Ploctad. d. 12. April år 1785.

Cartes établies pendant l'époque suédoise de l'île. La ville de Gustavia est déjà très urbanisée en 1800. Elle était célèbre sous l'ancien nom français de « Carénage » et fut baptisée Gustavia par les Suédois en l'honneur de leur roi Gustav III.

Maps dating from the Swedish period. Gustavia was already very built-up in 1800. It wa famous under its old French name « Carénage » and was renamed Gustavia by the Swedes in honor of King Gustaf III.

Christophe Colomb

BN

Survol historique
Brief history of St Barth

Des aventuriers français

« Que d'îles, que d'îles ». Une terre de plus aperçue, chemin faisant, par Christophe Colomb, lors de son deuxième voyage (1493), reçoit le nom de son frère cadet Bartolomé.

Plus d'un siècle passe.

Les Français, depuis leur colonie de Saint-Christophe (Saint-Kitts), où ils sont installés vers 1620, s'intéressent à Saint-Barthèlemy, lors d'une première et courte visite en 1629. L'îlot aride au relief accidenté, ne soulève pas leur enthousiasme. Mais le gouverneur de Poincy, colonial chevronné et déjà vieillard chenu, reçoit, à 57 ans, le coup de foudre pour Saint-Barth. Ce premier amoureux de l'île lui consacrera les vingt années qu'il lui reste de vie. Une passion désintéressée pour une terre paraissant si ingrate de l'époque ; une des rares Indes occidentales ignorant tout des fièvres de son siècle, l'or, l'argent et même « l'or vert » de la canne à sucre. En 1648, Poincy décide, pour raisons stratégiques, l'occupation définitive du rocher. Ainsi Saint-Barthèlemy, escamotée aux Anglais, reçoit une cinquantaine d'hommes, vraisemblablement des Normands, menés par Jacques Gente. Les Caraïbes n'en font qu'une bouchée lors d'un raid meurtrier contre la jeune colonie en 1656. Il ne sera pas facile de réunir, trois ans plus tard, une trentaine d'hommes courageux pour repartir à zéro.

Saint-Barthèlemy, bien située sur la route des Indes Occidentales, permet aux corsaires de tout poil, de tendre des embuscades aux flottes espagnoles lourdes de l'or du Pérou. La tranquillité de son carénage et de ses multiples anses autorise navires et matelots, ballotés au cœur de l'agitation des mers d'Amérique, à souffler un peu. Ainsi, l'île française, tire une modeste et première fortune de son rôle de parc de ravitaillement pour marins et corsaires. On plante du tabac et du coton, et l'on engraisse volailles et bestiaux nécessaires aux appétits des Frères de la Côte.

Mais un grenier bien rempli n'est pas pour autant un paradis, surtout lorsque les cyclones succèdent aux sécheresses. La terre rend mal. Incendies et fièvres harcèlent autant la fragile colonie que les guerres continuelles et les expéditions de pirates. Les Saint-Barths, tenaces et isolés, font face aux agressions et survivent aux années malheureuses.

French adventurers

''What a lot of islands...'' One of the islands seen by Colombus on his second voyage in 1493 was named after his youger brother Bartholomew.

The French made a preliminary brief visit to St Barth in 1629 from the colony on St Kitts which had been founded in about 1620. They were not very enthusiastic about the stony, arid island. However, Governor de Poincy, a white-haired experienced colonist 57 years old, fell in love with the place and devoted the last twenty years of his life to it. His was a disinterested passion, for the land seemed almost useless at the time : it was one of the rare West Indian islands which had none of the riches that attracted 17th century colonists. St Barth had no gold, no silver and was not even suitable for planting sugar cane — ''green gold''. In 1648, de Poincy decided to occupy the island permanently for strategic reasons, and 50 men — probably Normans — under the leadership of Jacques Gente stole it from under the noses of the English. Every single one of these men was slaughtered by the Caribs in 1656, and it was not easy three years later to find thirty brave men ready to try again.

St-Barth is well placed on the West Indies route and was a wonderful spot for pirates of all sorts to prepare ambushes for Spanish galleons laden with gold from Peru. Its quiet mooring and numerous bays became a place where ships and sailors came to rest from the agitation of the Caribbean. The first modest fortune of the island was made out of supplying corsairs and sailors. Tobacco and cotton were planted and poultry and livestock were fattened to feed hungry pirates.

However, a well-stocked pantry is not necessarily paradise, especially when cyclones alternate with drought. The land produced poor crops, and fires and fevers gave as much trouble to the fragile colony as the continuous warfare in the Caribbean and pirate raids. The islanders — tenacious and alone — stood up to attacks and managed to survive these unhappy years.

Les matelots du « Vanadis » en face de la Mairie pendant la rétrocession.
Sailors from the Vanadis opposite the town hall during the retrocession formalities.

Monbars l'exterminateur.
Monbars the Exterminator.

La période suédoise

A Versailles, personne ne se soucie depuis un siècle de la petite possession d'Amérique quand le Comte de Vergennes se penche soudainement sur le dossier de Saint-Barthélemy. Ce ministre des affaires étrangères, plus européen que sentimental, en un siècle où les hommes de gouvernement n'ont pas encore goûté aux douceurs tropicales, souffle à son roi Louis XVI l'idée d'un troc juteux. L'initiative est acceptée par le monarque, et le 7 mars 1785, en échange d'entrepôts sur le port de Göteborg, le roi de France fait présent à la couronne de Suède de l'île de Saint-Barthélemy, avec ses 458 blancs et leurs 281 nègres.

De Stockholm, Gustave III, nouveau propriétaire, agit en despote éclairé qu'il est. Il prend pour Saint-Barthélemy la décision la plus intelligente de son histoire : l'île sera ouverte à tous sur son port franc baptisé Gustavia. Il offrait aux St-Barths une prospérité inespérée et la promesse d'un avenir florissant. C'est vrai qu'il fallut le XIXe siècle, la concurrence des Iles Vierges qui n'étaient pas encore américaines, mais danoises, l'ouverture des ports des Etats-Unis, et le ralentissement général du trafic par les Antilles, pour venir à bout du rôle envié de Saint-Barthélemy comme principal transitaire américain pendant la révolution française et dans l'époque napoléonienne.

Et l'île alors de replonger dans les années sombres, le déshéritement poussant ses habitants sur les chemins de l'exil, principalement vers ces îles Saint-Thomas, Sainte-Croix, Saint-Eustache, riches à leur tour d'un boom commercial. L'émigration fut si dense qu'on a pu estimer à 3 000 (à peu près la population actuelle de l'île) les originaires de Saint-Barthélemy établis à Saint-Thomas et dans l'archipel.

Saint-Barthélemy avait été propriété de la couronne de Suède. Le bilan de plus en plus déplorable de ses affaires amena l'île à grever lourdement les finances du pays.

The Swedish period

Nobody at Versailles had bothered about the little island for a century when the Comte de Vergennes, Louis XVI's foreign minister, suddenly took an interest in St Barthélemy. De Vergennes was a European and no sentimentalist, and it was a century when the governing class had not yet experienced the sweetness of life in the tropics. So he suggested a profitable bit of swapping to the king. Louis agreed, and so on March 7th 1785 France became the possessor of warehouses in the port of Göteborg in Sweden, and France presented Sweden with St Barthélemy and its population of 458 whites and 281 negroes.

Gustav III, the new owner of St Barthèlemy, behaved as the enlightened despot that he was and took the best decision that has ever been made fort the island : the port, renamed Gustavia, would be a free port open to everybody. This brought the islanders unexpected prosperity and the promise of a flourishing future. The good times lasted until the 19th century when competition from the Virgin Islands (which were still Danish then), the opening of ports in the United States, and the slackening off of of the volume of shipping running through the West indies put an end to St Barth's envied role as main stopover for American trade during the French revolution and the Napoleonic period.

So the island experienced more dark years, and many of the inhabitants left for other islands where business was booming : St Thomas, St Croix and St Eustatia. The exodus reached such a point that it has been estimated that there were 3,000 people (approximately the population of St Barth today) in St Thomas and the archipelago who had originally come from St Barth.

Retour à la France

Bientôt, c'est au tour de l'état suédois de chercher à se débarrasser de la coûteuse colonie. Le 16 mars 1878, Saint-Barth est rétrocédée à la République Française. Pour que les Saint-Barths ne fassent pas les frais des méandres de la diplomatie européenne, ni de la seule fantaisie et des intérêts de métropoles éloignées, la rétrocession prévoyait tout de même le maintien du statut de port franc et l'assurance donnée aux habitants de l'île qu'ils n'auraient jamais à souffrir de charges que leur avait épargnées le libéralisme suédois.

Désormais dépendance de la Guadeloupe, Saint-Barthélemy, aux prises avec la pauvreté de ses ressources, mène une existence difficile, agitée de querelles avec l'administration de Basse Terre et son gouvernement.

Pour tenter de remonter un peu la pente de sa situation économique, sans décourager pour autant ce qui reste du trafic portuaire, la nouvelle administration décrète un « droit de quai » raisonnable sur toutes les marchandises à leur arrivée. L'île, impuissante à retrouver son dynamisme passé, bénéficie, au sein du département de Guadeloupe, de la loi de 1946 sur la départementalisation des Antilles et de la Guyanne.

Aujourd'hui, l'explosion du tourisme et de la construction peut être annonciatrice d'un nouvel âge d'or. Mais ces espoirs sont naturellement limités aux capacités d'une île de 25 km² de mornes arides. On est alors en droit de se poser dès questions pour demain.

Les St-Barths savent leur île convoitée pour les qualités de vie qu'ils ont préservées et les avantages fiscaux dont ils ont hérité. Avec prudence, il leur faut trouver l'équilibre de leur bien-être, actuellement lié à la fantaisie de riches résidents étrangers, au tourisme de luxe et au statut de département français.

Parcelle originale, et malgré elle, de la Guadeloupe, Saint-Barthélemy n'hésite pas à faire entendre à l'occasion qu'elle ne

craint pas de faire cavalier seul, plutôt que d'accompagner dans leur destinée politique, des voisins éloignés dont elle s'est toujours démarquée. St-Barth, étrangère aux affaires, comme à la richesse des îles à sucre d'hier, n'entend pas subir demain le sens de l'histoire des autres.

French one again

The steady worsening of St Barth as a business proposition made greater and greater inroads into Sweden's budget. It was soon Sweden's turn to try to get rid of the expensive colony. On March 16 1878, the island was returned to the Republic of France. In order that the islanders might not suffer from the meanderings of European politics or the whims and interest of a remote mother-country, the retrocession treaty specified the maintaining of the status of free port and the assurance that the islanders would never have to suffer from the taxation that Swedish liberalism had freed them from.

St Barthélemy was now a dependency of Guadeloupe and led a difficult existence because of the poverty of its resources and had frequent quarrels with the administration in Basse Terre and its governor.

The new administration charged a reasonable wharfage on shipping in order to try to balance the books without discouraging what little port business was left. The island did not manage to recover its former dynamism. It then profited from the law passed in 1946 which gave the West Indies and Guiana the administrative status of French departments, St Barth being a dependence of Guadeloupe.

. Today, the tourist and construction boom may herald a new golden age for the island. But hopes are naturally limited in an island consisting of 10 square miles of dry hills. What will tomorrow bring ?

The islanders know that their island is coveted for the quality of life that they have preserved and the tax-free status that they have inherited. They are carefully attempting to find a balance ; they are very much exposed to the whims of rich foreign residents, to the luxury tourist trade and the fact that the island is part of a French department.

St Barth was made part of Guadeloupe whether she liked it or not, and the island never hesitates to raise its voice when it wants to act independently rather than participate in the political destiny of remote neighbours. St Barth has never had anything to do with the affairs of the "suggar islands" in the past, and does not intend to be involved with them in the future.

Les fenêtres des ruines de Wall House resteront à jamais ouvertes sur les jolis voiliers de la rade.
The windows of the ruins of Wall House forever open above the fine yachts in the bay.   VS

Les Caraïbes
The Caribs

Les Caraïbes, insensibles à la séduction du « Prince Charmant », le rocher légendaire de Saint-Barthèlemy, ne s'établirent jamais dans l'île qu'ils appelaient *Ouanalao*. Ils laissèrent une trace dans la légende en l'habillant au passage de quelque végétation, et dans l'histoire, en y opérant le massacre des premiers colons.

Venus des Guyanes, embarqués jusqu'à cinquante sur les canots creusés dans les troncs de gaïac, les Caraïbes avaient pris, dans toutes les Petites Antilles, la place des pacifiques Arawaks. Quelques objets (Caraïbes ou arawaks ?), trouvés il y a une vingtaine d'années près du terrain d'aviation de Saint-Jean, attestent du passage des précolombiens à Saint-Barthèlemy. Guerriers farouches, aux flèches trempées dans le lait empoisonné des mancenilliers, les Caraïbes ou Cannibales, éprouvaient autant d'appétit pour leurs prédécesseurs arawaks que pour les nouveaux venus d'Europe. Au cours de leurs sanglantes opérations, ils épargnaient généralement les femmes pour leur usage personnel. Les premiers Européens eurent ainsi la suprise d'entendre parler deux langues chez les mêmes indiens : celle des hommes et celle des femmes qui continuaient de s'exprimer entre elles dans leur langue maternelle, l'Arawak.

Indiens ''Kalinas'' de Guyane, parents directs des Caraïbes, photographiés en 1900 par le prince-ethnologue Roland Bonaparte, petit neveu de l'empereur, pour les besoins de l'exposition coloniale.
''Kalinas'' indians from French Guiana, closely related to the Caribs, photographed for the Colonial Exhibition in Paris in 1900 by the ethnologist Prince Roland Bonaparte, great-nephew of Napoleon.

MH

Statuettes précolombiennes découvertes en 1966 à St-Martin dans la grotte de Maho.
Precolumbian figures found in the Maho Cave in St Martin in 1966.

La Guadeloupe joua pour les Caraïbes le rôle de capitale insulaire d'où ils combattirent les Européens jusqu'à l'épuisement, disparaissant presque totalement en moins de 200 ans. Certains rescapés gagnèrent l'Amérique centrale, d'autres acceptèrent le même sort que celui qui sera laissé plus tard à leurs cousins éloignés, les Peaux-Rouges d'Amérique du Nord. Et il y eut aux Antilles plusieurs « réserves » caraïbes, dont une dans l'île de Dominique qui existe encore de nos jours.

The Caribs were never seduced by *''Prince Charming''* — St-Barthèlemy's legendary rock — and did not settle on the island they called *Ouanalao*. The only trace they left in its history was when they slaughtered the first French settlers.

The Caribs came from Guiana in dug-out canoes holding up to 50 warriors and took the Lesser Antilles from the peaceful Arawaks. Some 20 years ago, a few objects of Carib of Arawak origin were found near the airport at St Jean and form proof of pre-Columbian presence on St Barth.

The Caribs or ''Cannibals'' were fierce warriors and found the European newcomers just as tasty as the Arawaks. They used to poison their arrowheads with manchineel sap when they raided their neighbours. However, they usually spared the women — keeping them for their personal use — and this is why the first European were surprised to hear two languages spoken by the same Indian tribe : the men spoke Carib and the women continued to speak Arawak, their mother tongue.

Guadeloupe was the Caribs' capital, and it was from here that they sallied forth to fight the Europeans nearly to extinction — their own. They almost completely disappeared in two hundred years. A few survivors fled to Central America and some accepted the fate of their distant cousins the North American redskins. A few Carib reservations have existed in the West Indies, and there is still one on Dominica.

illustration : St-Barth Society of Sweden

Monbars

L'exterminateur

Inspirateur de Rackham le Rouge et du capitaine Crochet, ce gentilhomme languedocien est probablement l'un des premiers touristes à avoir rêvé de Saint-Barth. Mais c'était l'époque où les souvenirs de voyage se collectionnaient en tranchant du sabre d'abordage plutôt que dans les appareils photos.

Monbars portait plus d'intérêt à la comptabilité exacte des cadavres espagnols qu'à celle de l'or saisi sur leurs galions. Le chirurgien-boucanier Oexmelin, qui servit sous ses ordres et en connaissait un bout en matière de charcutailleries, a raconté les plaisirs de ce capitaine dont les ivresses, plutôt que de rhum, s'abreuvaient de sang pourvu qu'il fût espagnol.

On pense que le terrible flibustier français délaissa parfois l'île de la Tortue (dans l'actuel Haïti) pour des séjours prolongés au Carénage de Saint-Barth, qui ne s'appelait pas encore Gustavia. Une grotte près de l'Anse de Gouverneur est même appelée Grotte Monbars. Mais rien n'est prouvé de la présence du pirate. Qu'importe, si ce n'était son repaire, ce fut sans doute celui d'un de ses frères de la Côte. Beaucoup avaient pris l'île en affection. Et ils se valaient tous en cette fin du XVIIe siècle, lorsqu'à l'heure du jugement, ils se retrouvaient, emportés par les tempêtes, pendus au vent du grand mât ou boucanés par quelque Indien de la Caraïbe.

Saint-Barthélemy était devenu leur havre, pour le ravitaillement, les réparations et le repos.

A n'en pas douter, certains y ont enterré leur butin. Mais ils ont pris soin d'abattre sur place un compagnon, dont l'âme maudite veillera par-delà les siècles sur leur trésor perdu.

Refuge des flibustiers français, St-Barth connut inévitablement les attaques de leurs frères ennemis anglais, hollandais, espagnols et suédois.

Certains disent que les Saint-Barths ont conservé un attachement romantique à la vie des corsaires, voire qu'il se perpétue dans l'île aux trésors bien des traditions de traficotages en eaux troubles. Simple nostalgie ou gentille réalité ? Ce qui est sûr, c'est qu'on n'imagine pas Saint-Barth sans foi ni loi, et que le caractère de ses habitants s'impose par des vertus contraires aux agissements débraillés de la bruyante confrérie de la flibuste d'antan, avec sa cruauté et son sens aigu du gaspillage. Alors disons simplement qu'on a ici gardé des corsaires les qualités, goût de l'aventure et sens du commerce, mais que les défauts ont été rejetés par-dessus bord, et depuis belle lurette.

The exterminator

This gentleman from the Languedoc was probably one of the first "tourists" to have collected souvenirs in St-Barth. But he collected his souvenirs with a sabre. Monbars was more interested in making a precise count of Spanish corpses than counting the gold he took from their galleons. The buccaneer-surgeon called Oexmelin who served under him — and who was himself an expert on butchery — reported that the captain's drunkenness was due more to Spanish blood than to rum. It is believed that this fierce French pirate sometimes left the island of Tortuga (off Haïti) for prolonged stays in the port of St Barth (which had not yet been named Gustavia). There is a "Monbars' Cave" near Anse du Gouverneur, but there is no proof that it was Monbar's hideout. But if it was not his it was used by another pirate. Many of them liked the island and it became a base for supplies, repairs and rest at the end of the 17th century. No doubt some of them buried their treasure here. They always murdered one of their compagnions on the spot so that his damned sould would guard the treasure. Since it was a haven for French buccaneers, St Barth inevitably suffered attacks from their English, Dutch, Spanish and Swedish "brothers".

Some say that St Barth has kept a soft spot for the corsairs' romantic way of like and that even today... Truth or nostalgia ? Who knows ? One thing is true : St Barth has too much common sense to allow the cruelty and dissipation of the pirates of yesteryear. The islanders have just kept the pirates' taste for adventure and business sense ; their more unpleasant characteristics were thrown overboard a long time ago.

illustration :
St Barth Society of Sweden

Oscar II
1829-1907

Sa majesté Oscar II, roi de Suède, de Norvège, des Goths et des Vandales.

Pressé par le Parlement qui en avait fait la demande depuis 1864, soit huit années avant sa montée sur le trône, le courageux monarque fit activer les démarches auprès des états amis pour se débarrasser de la déficitaire colonie de Saint-Barthélemy. Econduit par les Etats-Unis et par l'Italie qui ne se montraient pas intéressés, il trouva en revanche une oreille attentive à Paris auprès de Jules Ferry.

Le président du Conseil français sauta sur l'occasion pour entamer de façon discrète la politique coloniale qui le démangeait, alors que la France, ligotée depuis 1871 par le Traité de Francfort signé avec l'Allemagne, n'avait le droit à aucune acquisition outre-mer.

Pour Saint-Barthélemy, le retour dans le giron français se fit sans équivoque, ni hésitation, par référendum. 351 voix sur 352 votants demandèrent le rattachement à la République.

Oscar II, roi et écrivain, se montra blessé d'en finir, et généreux aussi.

La France n'eut qu'à payer l'indemnisation des quelques fonctionnaires suédois qui faisaient leurs valises. Quant aux 80 000 livres du rachat des propriétés de la couronne. Oscar demanda à ce qu'elles soient versées en faveur d'actions sociales et de l'aide aux nécessiteux de l'île.

Oscar II (1829-1907)

His Majesty Oscar II, king of Sweden and Norway, king of the Goths and the Vandals.

The Swedish parliament had started requesting that the costly colony be got rid of in 1864 — eight years before Oscar II came to the throne. The courageous monarch increased approaches to friendly nations. The United States and Italy displayed no interest in St Barthélemy. However, the French statesman Jules Ferry jumped at the proposal since it would enable him to discreetly put into practice the colonial policy that Ferry wanted. France had been unable to make any overseas acquisitions because of the terms of the Treaty of Frankfurt signed with Germany in 1871 after the 1870-1871 Franco-German war.

The return to France was approved unequivocally and without hesitation on St Barth. 351 votes out of 352 expressed the wish to belong to France.

Oscar II, king and writer, was in a hurry to finish the problem, and showed generosity in the settlement.

France only had to pay an indemnity to a number of Swedish civil servants who where to leave the island. 80,000 pounds was paid for Crown property, but Oscar requested that the sum be used as a fund for welfare and to help the needy of St Barth.

Cases d'esclaves. Slave cabins.   *Margot Ferra Doniger*

St-Barth et l'esclavage
St Barth and slavery

St-Barth n'a jamais manqué d'esclaves, mais contrairement aux îles à sucre de la Caraïbe où ils furent importés en masse pour les travaux pénibles des champs, les gens de couleur servirent plutôt à la ville de main d'œuvre pour les manipulations portuaires et les travaux domestiques.

Jusqu'en 1785 les commerçants et les notables les plus riches de Gustavia avaient tout au plus un ou deux esclaves à leur service. Pendant la période suédoise, la prospérité du port entraîna l'augmentation du peuplement noir. Ainsi, en 1828 il y avait 906 personnes de couleur libres et 1387 esclaves pour 1723 blancs. Comme l'attestent les différentes gravures de l'époque les rues de Gustavia sont peuplées de nombreux noirs. Blancs et noirs vivaient et travaillaient au coude à coude avec une relative compréhension. Le gouverneur suédois, Peter Herman Von Rosenstein, jugea utile, dans une ordonnance relative au *traitement et à la police des nègres et des hommes de couleur* d'établir des règles

A.B-T

La rue de la République au XIXe siècle.
Rue de la République in the 19th century.

strictes établissant les droits et les **devoirs** des maîtres sur leurs esclaves. La clémence suédoise alla jusqu'à autoriser *le gouvernement à donner une protection immédiate à ces infortunés qui sont dans le besoin inévitable d'aller au-delà des limites de la loi,* chose inconcevable en Guadeloupe, par exemple, et qui aurait soulevé l'indignation des planteurs. L'article 8 de cette ordonnance permet tout de même *de les mettre aux fers ou de les fouetter, si les maîtres d'esclaves jugent qu'ils le méritent, soit avec des baguettes soit avec des cordes. Néanmoins chaque châtiment ne doit pas excéder 29 coups et ne doit pas disloquer un des membres... sous peine de confiscation dudit esclave.*

Le tableau reproduit dans le guide, représentant les quais de la rue de la République, met l'accent sur les détails de la vie quotidienne à Gustavia : des gentilhommes arrivent à cheval par la route de Public, une dame vêtue d'une robe de style empire promène son enfant, des notables observent du balcon de leur splendide maison coloniale l'activité maritime de la rade et plusieurs noirs travaillent au déchargement de bateau ou vendent des fruits et légumes assis à même le sol. Dans la scène centrale du tableau le peintre n'a pas hésité à traiter du problème de l'esclavage. Deux noirs enchaînés l'un à l'autre amènent en ville de lourdes pierres qu'ils portent sur la tête. Ils sont suivis et observés par un contremaître armé, non pas d'une baguette ou d'un fouet comme le précise l'article 8 cité plus haut, mais d'un long et solide gourdin. Bien avant la Guadeloupe et la Martinique, en 1847 le gouvernement suédois abolit l'esclavage. Saint-Barth ne doit donc rien à Schoelcher, pourtant la rue « Hwarfsgatan » fut débaptisée du suédois et porte actuellement son nom.

Après 1847, l'émigration des noirs fut rapide et presque totale, la récession économique de l'île les poussait à partir ailleurs chercher un emploi. Les commerçants suédois avaient déjà quitté leurs comptoirs à Gustavia au fil de l'aggravation de la crise, aussi les Saint-Barths se retrouvèrent seuls, dans leur blancheur, à biner les cailloux de leur campagne et à vivre de leur pêche.

23

La Suède en épitaphe
The instructive art of reading epitaphs

St Barth never lacked slaves, but unlike the "sugar islands" of the Caribbean where they were imported in large quantities for hard work in the fields, the blacks brought to St Barth were generally used in the town to do jobs at the port and for domestic work.

The more wealthy traders and leading citizens in Gustavia had two slaves in their service at most. The prosperity of the Swedish period led to an increase in the black population. In 1828 there were 906 black freemen and 1387 slaves for 1723 whites. Contemporary engravings show that black faces were a common sight in the streets of Gustavia. Blacks and whites lived and worked side by side on comparatively good terms. The Swedeish governor Peter Herman von Rosenstein considered it appropriate in an ordinance concerning *"the treatment and policing of negroes and colored men"* to lay down strict rules about the rights and **duties** of masters towards their slaves. Swedish clemency went as far as authorising *"the government to give immediate protection to those unfortunates who have an unavoidable need to go beyond the limits of the law"*. Such legislation would have raised indignant protestations from the planters. However, article 8 of the ordinance allowed the masters of slaves *"to put them in irons or whip them"* if they thought it necessary. Whipping was to the carried out *"either with a stick or a rope. However, no punishment may exceed 29 strokes or lashes and limbs must not be dislocated... under penalty of confiscation of the slave in question"*.

The picture reproduced here shows the rue de la République quay and highlights details of everyday life in Gustavia. Some gentlemen on horseback are coming along the road from Public, a lady wearing an Empire style dress is taking a child out, some notables are watching the activity of the port from the balcony of their splendid colonial house, and a few blacks are unloading a boat or sitting on the ground selling fruit and vegetables.

The painter did not hesitate to approach the problem of slavery in the central scene of the painting : two blacks chained together are carrying large stones on their heads. They are accompanied by an overseer who is not armed with a stick or a whip as specified in article 8 above, but with a long, hefty cudgel.

The Swedish government abolished slavery in St Barthèlemy in 1847, well before Guadeloupe and Martinique. St Barth therefore owes nothing to Schoelcher (the leading French abolitionist) even though the Swedish-named "Hwarfsgatan" street was renamed rue Schoelcher.

After 1847 almost all the blacks soon left the island the economy was depressed and there was no work for them there. The Swedish traders had already left Gustavia because of the worsening economic situation, and so the white "saint barths" found themselves all alone, scratching their stony fields and living off fishing.

Comme partout, une partie de l'histoire est inscrite sur la pierre des tombeaux. A Saint-Barth trois cimetières gardent encore des sépultures suédoises : le cimetière wesleyien de Public, le cimetière de Saint-Jean au bout de la piste d'atterrissage et le plus ancien de tous : le cimetière de Lorient.

Les Saint-Barths, comme les Suédois, ont toujours soigné leurs morts. Partout dans l'île les tombes sont éclatantes de propreté. Les alignements des croix d'une blancheur immaculée, émergeant des massifs vert tendre de lys sauvages, servent admirablement le plaisir de l'œil. Tout respire ici la simplicité, la pureté et le dévouement. Les Suédois, pourtant bien loin maintenant, ne manquent jamais une occasion, lors d'un passage à Saint-Barth, d'enlever les herbes folles et de refleurir les tombes des derniers compatriotes ensevelis dans l'île. Récemment le gouvernement fit ériger dans le cimetière de Public un monument pyramidal en pierre de taille à la mémoire des Suédois qui décidèrent de finir leurs jours dans l'île après la rétrocession de 1878. Il envoya même une unité navale suédoise à Saint-Barth pour inaugurer ce monument.

A l'inverse des tombes Saint-Barths, celles des Suédois ne sont ni blanches ni uniformisées; elles sont souvent faites de la même pierre de taille que l'on retrouve partout à Gustavia, et sont surmontées d'une plaque en marbre blanc gravée pour les plus riches.

A Public, entre la croix de métal doré de l'ordre de Coldin et le jaune cru des cuves d'hydrocarbure de la zone industrielle, plusieurs jolies tombes sont encore visibles dont celle de Sophia Fahlberg, un enfant sans doute de Samuel Fahlberg qui s'illustra dans l'affaire Nyman, et qui fit aussi plusieurs rapports à Stockholm sur les plantes médicinales de l'île.

A St-Jean, parmi un fouillis de sansevières et d'acacias nains s'élève un monument funéraire dominé par une colonne de marbre blanc : ici repose le chevalier Sir Thomas Dinsey, entouré des membres de sa famille bien rangés dans un quadrilatère de 12 mètres de long.

D'autres tombes suédoises plus modestes, en forme de sarcophages, parsèment ce cimetière.

A Lorient, un enclos rectangulaire isole du reste du cimetière, près de l'école, plusieurs sépultures suédoises plus anciennes encore. Une dalle noircie par le temps, la plus vieille de toutes, recouvre les reste de Johan Norderling (1768-1828) qui fut gouverneur de l'île de 1819 à 1826. Il mourut « bêtement » d'une chute de cheval sur la route de Gustavia à Public deux ans après avoir pris sa retraite dans l'île où il sut attirer la sympathie unanime de ses administrés. Son cheval se cabra sous le fort Gustave au moment où le canon tonna pour annoncer un incendie. L'histoire nous le présente comme un homme jovial, plein de vie et de caractère énergique et ferme. Il repose depuis à quelques mètres à peine de l'église catholique de « Lorient » qui fut construite en 1820 par ses soins, malgré sa religion méthodiste.

Dans le même enclos on peut encore observer la tombe d'un

Lorient

jeune homme de la parenté de Norderling qui mourut en 1830 de maladie contagieuse et celle d'une jeune fille, Wilhelmino Netherwood, victime d'une fièvre maligne en 1820.

As elsewhere, part of the island's history is engraved on tombstones. Three cemeteries in St Barth still contain Swedish tombs : the Wesleyan cemetery at Public, St Jean cemetery at the end of the runway and Lorient cemetery, the oldest of them all.

Like the Swedes, the "St Barths" have always looked after their dead carefully. Tombs are spick-and-span everywhere in the island. Rows of immaculately white crosses emerge from beds of delicate green wild lilies, and the whole effect is one of simplicity, purity and devotion. Although Sweden is now remote, whenever Swedes visit St Barth they always take flowers to the cemeteries and weed the graves of the last of their compatriots who died in the island. The Swedish government recently put up a pyramidal carved stone memorial in Public cemetery in memory of the Swedes who decided to finish their lives in the island after its return to France in 1878. A Swedish naval ship was even sent to St Barth to inaugurate this monument.

Unlike the islanders' tombs, those of the Swedes are not all white and not all the same. They are often built of the stone commonly seen in Gustavia and the richest of them are topped with engraved white marble slabs.

In Public cemetery, between the gold crosses of the Order of Coldin and the raw yellow of the tanks at the fuel depot, some pretty tombs still have legible inscriptions. One of these is above the grave of Sophia Fahlberg, doubtless a child of Samuel Fahlberg who played a role in the Nyman affair and who also sent several reports about the medicinal plants on the island to Stockholm.

In the St Jean cemetery, a tomb surmounted by a white marble column rises out of a clump of sansevieria and dwarf acacia.

Here lies Sir Thomas Dinzey and members of his family in a plot 12 yards long.

Other more modest Swedish tombs in the shape of sarcophagi are scattered throughout this cemetery.

In Lorient cemetery, a rectangular enclosure near the school contains several Swedish tombs which are even older. A time-blackened slab covers the oldest of them all, that of Johan Norderling (1768-1828) who was governor of the island from 1819 to 1826. He died "stupidly" falling off his horse on the road from Gustavia to Public two years after retiring and staying in the island where he was well-liked. He had been riding past Fort Gustave when a cannon went off to signal a fire ; his horse reared and he fell. History describes him as a jovial man who was energetic and firm. He now lies only a few yards from "l'Orient" Roman Catholic church that he had had built in 1820 in spite of the fact that he was a Methodist.

In the same enclosure are the tomb of a young relation of Norderling who died of a contagious disease in 1830 and that of a young girl, Wilhelmina Netherwood who died off fever in 1820.

Public

Sacred To the Memory of JOHN FOWLER KING a Native of the City of New York in the United States of AMERICA born on the 23ᵈ day of January 1788 and died October 26ᵗʰ 1809

Bonjour St Barth

La vie avec un « P », comme « particulièrement Saint-Barth » - The essence of St Barth.

Le parler et le pain
Language and bread

Parler

Partout le français, et bien souvent l'anglais, surtout à Gustavia. Pour parler franc, on rencontre bien d'autres langages, propres ou non à St-Barth. Ainsi aimera-t-on vanter le charme et la persistance du patois vieux-français de Corossol et de l'ancien quartier du Roi vers l'ouest de l'île. Mais vous entendrez dire, dans un franc-parler que la langue de l'île n'est pas le créole, que l'on parle souvent partout et que l'on comprend presque toujours quand même. Le Suédois, que l'on n'a jamais parlé nulle part, n'a bien entendu pas laissé de traces, sinon l'usage d'un Anglais parvenu aux îles dans une forme de patois très reconnaissable à Gustavia.

Mais parfois plus que les mots, les accents diffèrent d'un quartier à l'autre de l'île. On se fait une joie, entre St-Barths, d'adopter pour en rire, les fortes intonations et les sensibles déformations que prend la langue d'un kilomètre à l'autre.

Language

French is the language of the island, but English is often spoken — especially in Gustavia. Quite a few other languages are spoken too, from the old French patois of Corossol and the old "quartier du Roi" in the western part of the island. The islanders will tell you frankly that Creole is not the island's language but it is often spoken and almost always understood. Swedish was never spoken and left no traces, although it did result in the use of a form of English which is very recognizable in Gustavia.

However, accents often differ from one "quartier" (district) of the island to another. The islanders often playfully imitate the accents of people who might live only a mile away !

Le pain

Il n'est d'art plus délicat à St-Barth, après le tressage de la paille, que celui de la cuisson du pain. Pour parer au gâchis que fait l'humidité ambiante lorsqu'elle attaque, en quelques heures, baguettes et croissants, les boulangères mettent en pratique quelques secrets bien conservés.

Dans leur case surchauffée et qui sent bon la farine, vous trouverez des pains courts, mais qui préservent, sous leur croûte à peine blondie, une mie blanche et moelleuse au goût bien à elle. Il n'y a pas, à première vue, deux confections identiques de ces pains jumeaux, qui cuisent si près les uns des autres qu'ils gardent, sur le côté la marque voulue de leur voisin de four. Mieux vaut faire partie des habitués pour être servi à coup sûr de ce pain artisanal. Les recettes magiques s'accommodent encore mal de la fabrication en série, et il est conseillé, comme pour les pâtisseries de passer commande à l'avance.

Il y a aussi une manière St-Barth de préparer la farine de maïs pour la confection de plat national, le *fuigui*, une sorte de polenta antillaise toujours appréciée à la maison.

La pierre et la poutre
Stone and houses

Bread

The second most refined art in St Barth (after straw-work) is the baking of bread. Croissants and the long French "baguettes" tend to suffer after a few hours of high humidity and the local bakers have a few well-kept secrets. In the overheated cabins which have a comfortable smell of flour, you can buy a short loaves whose crust are only lightly browned and whose soft, white insides have a special flavor. These are baked close together and bear the mark of their neighbor along the side.

Become a regular customer at the baker's so as to be sure of getting a regular supply of this hand-made bread ; you can always order it in advance.

There is also a local way of preparing Indian meal for making the national dish : "fuigui", a kind of West Indian polenta which is a family favorite in St Barth.

La pierre

A St-Barth, Dieu créa sans doute le ciel, la mer, et le troisième jour, la pierre. Sécheresse et érosion font partout affleurer la roche. Et l'île est couleur de feuilles, de fleurs et de rocher.

Les scientifiques expliquent cette formation de l'éocène par un soulèvement calcaire dit « formation de St-Barth », une importante couverture de débris volcaniques divers et les sables des anses. Ce qui paraît à l'évidence, c'est que la pierre tient dans l'île le haut du pavé et occupe une grande place dans la vie et dans le cœur des St-Barths. C'est elle qui dessine le paysage, découpe les parcelles, arme le soubassement des demeures. C'est elle qui, à coup sûr, a forgé la volonté opiniâtre et la ténacité solitaire, qui donnent aux habitants de l'île les qualités du roc.

Dans ces entassements de pierres qui sont presque devenus rituels, on distingue plusieurs qualités de roches. La « pierre bleue » volcanique des plus jolis murs, contraste avec les éclats rougeâtres qui étayent le plus souvent les soubassements et les murets modernes. Mais la plus présente, c'est ce calcaire gris des façades et des murailles. La compacte « firestone » signe quand on la retrouve, l'académisme du style suédois. Elle a pavé de rues, dressé les demeures du port et les citernes massives, sous lourdeur. Mariée au bois, comme en témoigne le clocher de Gustavia, elle sert admirablement encore le plaisir de l'œil.

Une originalité dans la Caraïbe : l'affleurement de calcaire oolithique qui se détache en blanc au sud-est du Petit-Cul-de-Sac. Cachée dans la végétation, cette trace creusée de cavernes servait pour stocker le sel, d'où l'appellation de « grottes à sel » qui n'a rien à voir avec la roche, mais avec l'utilisation qu'on en ferait.

Stone

On St Barth, God doubtless created the sky and the sea and then, on the third day, the stone. Drought and erosion cause the rock to outcrop everywhere. The island is the color of leaves, flowers and stone.

Gustavia

Margot Ferra Doniger

Gustavia

Vitet

Gill Walka

rue Sadi Carnot,
Gustavia, St Barthélemy.

St Barth consists of a limestone upheaval with a thick covering of mixed volcanic debris and sand along the coast. Stone is big in the life of the island and the islanders. Drystone walls divide up the countryside and the basements of the houses are in stone. The toughness of all this stone has done something to the character of the islanders — making them stubborn and wilful.

Distinction is made between various sorts of stone. There is the volcanic "pierre bleue" (blue stone) used for the prettiest walls. This contrasts will the reddish material often used for basements and modern walls. But the most common is the grey limestone used for buildings and boundary walls. The compact "firestone" imported from neighboring islands is a sign of the academic Swedish style of building. It was used to cobble the streets, to build the fine houses in the port and for the construction of cisterns. Coupled with wood — as in the Swedish belfry in Gustavia — it gives a fine visual effect.

Rare in the Caribbean, a white bed of oolitic limestone stands out south-east of Petit-Cul-de-Sac. There are caves hidden in the vegetation which were formerly used for storing salt.

La poutre

Pas de bois de construction sur le rocher. Pourtant, il y a une science et des secrets de la charpente propres à une île tourmentée par les cyclones. Les habitations les plus exposées au vent se protégeaient comme des forteresses d'une muraille de chaux et de pierre montant jusqu'au toit. Ces « **cabrettes** » résistent mieux aux vents devenus fous. Ailleurs dans l'île, le soubassement seul était de pierre. Peintes de couleurs vives, jaunes, vertes ou bleues, les maisons petites, basses et sans galerie résistaient bien aux années. On en voit même, couvertes de tuiles de bois naturel, qui habillent leur façade d'un manteau d'écailles. Aujourd'hui, les nouveaux venus aiment à construire en bois. Ces maisons agréables à l'œil ont du mal à résister aux maladies du soleil et de l'humidité alternées, dans des assauts sans ménagement. Le bois coûte cher et ne fait pas long feu. Aussi, les St-Barths à qui l'on adresse le reproche facile de préférer le béton à la tradition, répondent qu'eux, ils bâtissent pour l'avenir.

Houses

There is no lumber on St Barth. However, building to withstand hurricanes is a local science with secrets of its own. The houses which are most exposed to the wind have thick walls of stone and lime mortar rising to the roof. These **"cabrettes"** stand up well to high winds. Elsewhere in the island only the basements are in stone. The small, low, porchless houses are painted in vivid colors — yellow, green or blue — and have aged well. Some have shingled walls.

Today, newcomers like to build wooden houses. They are fine to look at but do not stand up very well to alternate sun and damp. Wood is expensive and does not last very long. The islanders themselves are often criticised for preferring concrete to tradition. They reply that they are building for the future !

L'éternel panama. The eternal panama hat

Gustavia

Un bel échantillonnage d'ouvrages en latanier.
A fine sample of latanier straw-work.

Une paille à l'endroit, une paille à l'envers

Pas de méprise à Saint-Barthèlemy, il en va de certaines activités artisanales comme du commerce du souvenir, elles vont et viennent selon les mouvements capricieux de l'engouement touristique pour une région.

Le travail de la paille n'a rien de commun avec les sempiternelles productions « artistiques » des « maîtres » du souvenir signées, selon les sites : « Baux de Provence », « Arènes de Nîmes », « Lourdes » ou « Saint-Tropez ». Nul n'est besoin d'inscrire « Saint-Barth » sur les chapeaux de paille réalisés avec tant d'amour et une patience infinie par les vieilles dames de l'île. Il sont à eux seuls tout Saint-Barthélemy. Bien plus que des œuvres d'art, les tresses interminables qui coulent entre les doigts agiles de tous, femmes, enfants et vieillards compris, sont le reflet de leur culture et de leur histoire ; ce sont aussi les témoins vivaces d'une industrie florissante qui connut, il n'y a pas si longtemps encore, une renommée internationale.

Crafts can be like the souvenir trade : the fashions and items produced come and go like fashions for holiday places. But St Barth straw work is not like that. It has nothing in common with the eternal ''artistic'' productions of souvenir ''craftsmen'' and which are signed ''Saint-Tropez'', ''Zermatt'', ''Brighton'' or ''Miami Beach''. There's no need to print ''St Barth'' on the straw hats made with so much loving care and infinite patience by the old ladies of the island ; these hats are St Barth through and through. The long straw plaits which flow between the fingers of the hatmakers — women, children and senior citizens — are a reflection of their culture and their history and the living witness of a flourishing industry that was internationally famous not so very long ago.

Histoire

Aussi loin que l'on puisse chercher dans l'histoire de l'île, le tressage de la paille fut une activité économique importante. Un rapport suédois établi en 1872 cherchant à attirer l'attention de la couronne sur la décadence accélérée de l'île signala que l'exportation de chapeaux de paille n'avait été que de 312 douzaines dans l'année, le chiffre fut considéré à cette époque comme alarmant, l'unique autre production d'exportation était le coton, aujourd'hui totalement oublié.

On ne sait exactement quelle tige végétale était tressée par les premiers habitants, mais à la fin du XIXᵉ siècle ils utilisèrent les feuilles séchées d'un palmier appelé « Sabal » ou « Latanier » qu'ils importaient à grands frais des autres îles de la Caraïbe.

C'est un curé de choc, le Père Morvan qui eut l'idée, vers 1890, de produire sur place cette matière première. Il réussit à se procurer des pousses et des graines de cet arbre tropical et à les planter près de Corossol et dans la région de Flamands où s'est développé depuis une véritable forêt de ces majestueux palmiers.

En dehors de Gustavia, la ville, où les rues avaient été pavées par les Suédois, le reste des voies de communication de l'île se résumait à quelques chemins de terre. Se rendre de Corossol à Gustavia n'était pas une mince affaire, à cette époque. Aussi, l'initiative du Père Morvan profita pleinement aux familles traditionnellement pauvres de la « Campagne ». Elles eurent gratuitement et à portée de leurs mains toute la paille nécessaire à la fabrication des chapeaux, dont elles firent très vite une véritable industrie, et surent au travers de ces travaux manuels combattre l'oisiveté qui régnait dans les quartiers de l'île.

Un ramasseur passait de temps à autre déposer ses commandes. Il fallait respecter les dates de livraison aussi plus d'une fois les mains de toutes les familles, grandes et petites, durent continuer à s'activer tard dans la nuit à la lueur d'un lumignon ou au clair de lune.

Plus tard, vers 1925, le Père de Bruyn fit venir de St-Martin une jeune fille hollandaise diplômée, Blanche Petterson, pour enseigner aux Saint-Barths une meilleure technique de fabrication afin d'améliorer la qualité des chapeaux pour toucher une clientèle plus riche et ainsi permettre aux habitants de l'île de gagner davantage.

Le pari fut gagné au-delà de toute espérance, Saint-Barthèlemy devint la patrie du « Panama ». Ce très séduisant couvre-chef aux bords larges conquit l'Europe et resta à la mode sur les grands boulevards parisiens durant toute la belle époque. Tressé de paille ultra fine, le panama est resté aujourd'hui le chapeau traditionnel des quartiers « au vent » de l'île. Vous ne pouvez manquer de croiser dans les allées du cimetière le Lorient ou sur les flancs du Morne Vitet quelques-uns de ces splendides chapeaux éclatants de soleil portés avec allure par les femmes du pays.

C'est aussi à Blanche Petterson que l'on doit les différentes tresses fantaisie utilisées dans la confection des corbeilles, éventails et autres objets de paille vendus actuellement.

Un petit coup de chapeau également à une autre pédagogue, Mme Valérie Choisy, qui enseigna en-dehors des heures de classe l'art de mêler les brins de paille aux spécialistes de la discipline d'aujourd'hui. Elle constitua à l'école de Colombier un véritable petit musée du tressage dans un but éducatif mais aussi pour préserver du temps qui passe les éléments d'une certaine culture populaire chère au cœur des Saint-Barths.

Le cyclone de 1950 contraria cette louable entreprise en emportant l'école et son exposition de tresses toute entière... Chacun sait que depuis les trois petits cochons, la paille n'a jamais su résister au vent !...

Pour les jeunes Corossoliens, ce travail a pris au cours des années l'allure d'une corvée familiale à laquelle le monde moderne leur permet d'échapper. Seules les femmes âgées entretiennent aujourd'hui cette tradition. Chacun bien entendu, s'adapte au grand marché touristique installé tout récemment dans l'île, les uns maçonnent avec ardeur, les autres proposent aux touristes à des prix ridiculement bas les produits tressés de leurs vieux doigts agiles... Mais on peut tout de même s'interroger sur l'avenir.

Un latanier

Local straw work

Une tête d'amarres \ A bundle of latanier leaves.

L'Histoire de l'île montre bien le caractère exceptionnel de la « prospérité » actuelle et le tourisme est un facteur économique lunatique... Rien n'est définitif. C'est par leur valeur personnelle que les anciens ont pu faire face aux pires crises, peut-être qu'en conservant cette tradition dans toute sa vitalité, les jeunes se trouveront armés efficacement pour l'avenir.

History

Straw work goes right back in the history of the island and has always been an economically important craft. An 1872 Swedish report on the increasing decline of St Barthèlemy mentions that only 312 dozen straw hats had been exported in the year. This figure was considered to be alarmingly low. The only other export was cotton — this has long since been forgotten.

It is not known exactly what kind of fibers were first woven by the early inhabitants, but at the end of the 19th century the dried leaves of a fan palm called the Latania were imported at great expense from other islands in the Caribbean.

In about 1890 an energetic priest called Père Morvan had the idea of producing the raw material on the spot. He managed to get hold of latania shoots and seeds and planted them near Corossol and in the Flamand region where there is now a forest of these majestic palms.

In those days it was fairly difficult to get from Corossol to Gustavia since although the streets of Gustavia had been paved by the Swedes, communications in the rest of the island amounted to nothing more than a few tracks. This meant that it was the poor families in the "country" who really profited from Père Morvan's initiative ; they now had a conveniently situated supply of all the straw they wanted for making hats. Hatmaking soon became an industry and helped to fight the idleness prevalent in these parts of the island.

A collector used to come round from time to time and leave orders. Delivery dates had to be met without fail and sometimes the whole family — from the oldest to the smallest — would have to weave until late at night by the light of a candle stub or by moonlight.

Later, in 1925, Père de Bruyn brought a young Dutch girl called Blanche Petterson from St Martin ; she was a qualified craftswoman and taught a better method of hatmaking in order to improve the quality of hats to reach a richer clientele and earn more money for the locals. This worked even better than expected : St Barthèlemy became the home of the Panama hat. Woven in very fine straw, the Panama is still the traditional headwear on the windward side of the island. Go to Lorient cemetery or the flanks of Morne Vitet and you'll probably see some of the local ladies wearing these fine hats with elegant flourish.

Blanche Petterson was also responsible for the various decorative braidings used in wastepaper baskets, fans and other objects made of straw and which you will find for sale on the island. Honor to another teacher too — Mme Valérie Choisy — who took time outside class hours to teach the art of plaiting straw to the

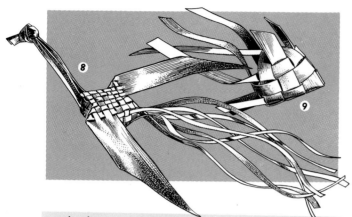

people who are now today's specialists. She built up a little straw plaiting museum at the school in Colombier for teaching purposes and also to preserve examples of this folk art which is dear to the people of St Barth. However, in 1950 a hurricane put paid to this praiseworthy endeavour by blowing away both the school and all the straw exhibits — if you know the story of the three little pigs you'll remember that this is the sort of thing that happens to straw !

Over the years the young people of Corossol found this work more and more of a wearisome family duty and the modern world has enabled them to avoid it. Today, it is only the older women who keep the tradition alive. Of course, everybody is busy adapting to the large tourist market which has recently developed in the island — some people are busy building and others offer for sale to tourists (at ridiculously low prices) the things they plait with their skilful old fingers. But what about the future ? The history of the island shows how shortlived prosperity can be and tourism is a particularly capricious economic factor — nothing is ever final. Force of character and self-reliance helped the inhabitants of the island to get through crises. If the young people keep the straw craft alive and vigorous they will perhaps be well-equipped to face the future.

La technique et le séchage

Les feuilles de latanier sont travaillées en plusieurs étapes :
— le séchage de la feuille,
— la réalisation des rouleaux de « tresses de base »,
— la confection définitive des objets de paille.

Tout l'art du séchage consiste à obtenir les fibres végétales les plus souples et les plus claires qui soit. Pour cela les St-Barths n'utilisent que les « têtes d'amarre ». L'amarre du latanier est cette grande feuille déployée en éventail au bout des branches rayonnant du tronc de l'arbre.

La « tête d'amarre » est la jeune pousse encore verte de cette feuille dirigée vers le ciel, elle est coupée pour le séchage avant même qu'elle ne se soit ouverte. La pousse est ensuite dépliée, chaque lamelle de la feuille sera séparée et le tout restera pendu

pendant quinze jours en plein soleil. Pour éviter qu'elles ne prennent la pluie car l'eau les rend cassantes et altère leur couleur, les têtes d'amarre seront rentrées chaque soir dans les cases. Le risque d'averse est pourtant bien mince à St-Barth !...

Malgré les dispositions prises par le Père Morvan, certains artisans ne possèdent pas chez eux de latanier et doivent acheter les têtes d'amarre à leurs voisins. Quelques dames dans l'île réussissent à vivre de ce commerce.

Techniques and drying

There are seveal stages in the work : the latania leaves are dried, the straw is made up into rolls, straw articles are then plaited.

The whole art of drying latania consists of making strands which are as flexible and as pale as possible. For this, only the big fan-shaped leaves are used and only before they have opened. After cutting, they are unfolded and the leaflets separated from each other. They are then hung outside in the sun for two weeks, but taken in every night in case it rains (although there is not much risk of this in St Barth !) since if they get wet the strands become brittle and change colour.

Despite al Père Morvan's planting, there are a few craftsmen who do not possess their own latania and have to buy leaflet strands from their neighbours ; a few women on the island manage to earn a living this way.

Les rouleaux

Avant de confectionner des objets il faut en préparer les éléments de base. Ce sont des tresses réalisées sur toute la longueur des amarres avec de fines lamelles coupées sur les feuilles débarrassées des deux bords plus épais. Ces « tresses de base » sont ensuite enroulées pour plus de commodité et pour stockage.

On peut distinguer sept types de « tresses de base » :
1. La « tresse à 11 ». Elle est confectionnée, comme son nom l'indique, avec onze brins de feuille appelés aussi « amarres ». Le tressage est très régulier, c'est la tresse à tout faire, la véritable tresse de base pour l'ensemble des objets de paille.

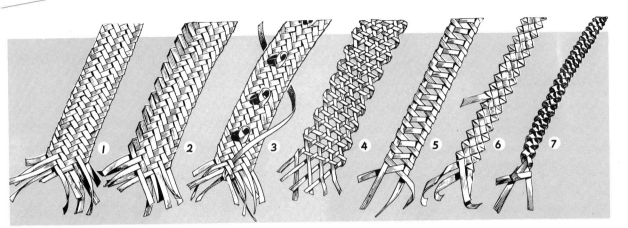

2. La « tresse à nœuds ». Elle est réalisée avec sept ou onze « amarres ». Des boucles régulières bordent un seul des côtés de cette tresse. Elle est employée pour la confection du corps des sacs et des paniers.

3. La « tresse à bouton ». Onze « amarres » comme pour la « tresse à onze » mais avec des petites boucles fantaisie disposées au centre de la tresse.

4. La « tresse à jours ». Six, huit ou douze amarres. Comme son nom le signale, la tresse est ajourée, le tressage est large et est réalisé avec des amarres très fines.

5. La « tresse à quatre ». Quatre amarres tressées largement pour présenter des jours comme la tresse précédente.

6. La « tresse à dents ». Quatre amarres. Les bords de cette tresse sont en dent de scie. Elle est employée cousue avec d'autres tresses pour délimiter le bord des ouvrages.

7. La « tresse à trois ». Trois amarres tressées de façon classique pour former de longs « scoubidous » qui seront enroulés et cousus pour figurer différents éléments décoratifs, comme les cœurs des fleurs ornant les corbeilles à pains…

Rolls

The strands are first plaited in a number of ways before being made into objects. The thick edges of the leaflets are cut away and the rest cut into long strands running the whole of the length of the leaf. When these strands have been plaited they are made up into rolls to be kept until they are needed.

They are seven different types of basic plait :

1. "Tresse à onze" (eleven-strand plait). This is a very regular type of plait made up with eleven strands as its name indicates ; it is the main type of plait and is used for all straw handicraft work.

2. "Tresse à nœuds" (knotted plait). This is made with seven or eleven strands and has a series of regular loops along one side. It is used to make bags and baskets.

3. "Tresse à bouton" (button plait). Eleven strands like the "tresse à onze" but with small decorative loops in the middle of the plait.

4. "Tresse à jours" (open-work plait). Six, eight or twelve strands. This is wide plaiting with very fine strands.

5. "Tresse à quatre" (four-strand plait). Four-strand wide plaiting for an open-work effect as above.

6. "Tresse à dents" (sawtooth plait). A four-strand plait with sawtoothed edges. It is sewn on to other types of plaits to finish the edges of articles.

7. "Tresse à trois" (three-strand plait). A classic type of plait which is rolled up and sewn to make various decorations like the flowers on bread baskets etc.

Les ouvrages en paille

Chaque objet tressé est réalisé en assemblant plusieurs de ces « tresses de base ». Elles sont cousues entre-elles pour donner naissance à des éventails, des dessous de plat, des paniers, des sacs à main, des porte-verre, des corbeilles à pain… et bien sûr aux fameux panamas.

Lorsque les doigts des Saint-Barths débordent d'agileté, ils façonnent également différents petits objets fantaisie qui amusent les enfants et servent à la confection de mobiles comme ces charmants oiseaux du paradis (8) et les petits poissons des mers du sud très aériens (9).

Certains artisans, pour égayer leurs productions, n'hésitent pas à employer des teintures de couleurs vives, mais rien n'est plus beau que l'éclatante blancheur de cette paille qui respire le soleil.

Tous les ouvrages cités précédemment, sont les œuvres des habitants des quartiers de Corossol, de Colombier et de Flamands et sont travaillés avec les feuilles débarrassées de leurs « côtes » plus épaisses. Dans la région au Vent par contre (les quartiers de Lorient, Vitet, Marigot et Grand-Fond) l'outil de base pour le tressage est cette « côte » délaissée ailleurs. Elle est consolidée par une longue amarre enroulée autour d'elle. Les ouvrages qui en résultent sont plus grossiers et ressemblent à des travaux en osier ajourés. Ce sont des paniers et des corbeilles de toutes sortes.

En Guadeloupe et en Dominique des Antillais tressent aussi la paille mais leurs productions n'ont pas autant d'allure qu'à Saint-Barthèlemy, ils travaillent essentiellement la feuille des cocotiers très rustique ou l'« amarre créole », un dérivé du latanier d'une couleur vert-brun.

Bonjour St Barth

A protéger, la calèche
Save our bonnets

The finished articles

Each article is made by assembling several of these basic plaits.

They are sewn together to make fans, table mats, baskets, purses, glass-holders, bread baskets and, of course, the famous Panama hat.

Agile St-Barth fingers also make small decorative objets which amuse children and which are used to make mobiles, like the beautiful little birds of paradise (8) and the tiny delicate Caribbean fish (9).

Some craftsmen use brightly-colored dyes in their work, but nothing is more beautiful than the pure sunsoaked whiteness of the undyed straw.

All the articles mentioned above are the work of the inhabitants of the Corossol, Colombier and Flamands areas and are worked with leaves whose thick edges have been removed. However, in the windward region (Lorient, Vitet, Marigot and Grand-Fond) these thick edges which are discarded elsewhere form the raw material for straw work. Each strip is strengthened by wrapping a long strand around it. The resulting baskets of all types are rougher and look something like open wickerwork.

West-Indians also do straw work in Guadeloupe and Dominica but the articles are not as attractive as those of St Barthèlemy : very coarse coconut palm leaves or a greeny-brown fibre from a "cousin" of the latania are used as raw materials.

La Calèche

Au hasard de vos balades dans l'île, à la traversée de quelques villages, vous pouvez encore croiser ou remarquer dans l'ouverture d'une fenêtre de vieilles femmes saint-barths portant la calèche ou la cape. Ces coiffes anciennes, issues de certaines provinces françaises du XVIIᵉ siècle, sont restées un des éléments essentiels du costume traditionnel de Saint-Barthélemy. Seules les aînées les arborent encore dans leur vie de tous les jours, mais on les sort plus volontiers à l'occasion de certaines fêtes. Trois types de coiffes se distinguent et délimitent l'île en trois mini-régions par leurs répartitions. La coiffe de Corossol et Public, appelée *Calèche* à tresses ou à platine qui reste blanche en toute circonstance, la coiffe de la région de Colombier et de Flamands appelée Calèche à bâtons et toujours aussi blanche, et la coiffe de la partie au vent de l'île, appelée la *Cape*, qui est bleu marine pour le travail, couleur assortie au bleu de la robe de travail, ou noire à l'occasion des sorties. Les Calèches à bâtons et les Capes tendent à disparaître beaucoup plus vite que les Calèches à platine.

Ces coiffes, appelées aussi *Quichenottes*, protègent les Saint-Barths du soleil mais on dit aussi qu'elles se sont rendues très efficaces contre les assauts trop chaleureux de quelques Anglais et Suédois entreprenants, d'où l'origine de cette appellation : *Kiss me not... Quichenotte... !*

Le tissu est cousu très régulièrement, dans les espaces créés sont enfilées de fines baguettes de bois. The material is sewn on very regularly and thin wooden stiffeners are slid intro the spaces.

Les tresses sont cousues dans le sens de ces lignes, les coutures sont peu apparentes, le tissu paraît uniforme. The plaits are sewn as shown by the lines ; the hems hardly show at all.

La Calèche à bâtons

La Calèche à platine

La cape

Du carton très dur est glissé à l'intérieur de la coiffe. Very stiff cardboard is slid inside the bonnet.

The "Calèche"

The tradition of the oldfashioned bonnets that you will see in Corossol, or that you might catch sight of elsewhere on the island through an open window, goes back to certain French regions in the 17th century. They have remained an important part of traditional costume in St Barth. Only the older folk still wear them every day, but you'll see lots at certain local celebrations.

There are three types of bonnet, corresponding to three different parts of the island. There is the "Calèche à tresses" or "Calèche à platine" of Corossol and Public ; it is always white. Then in Colombier and Flamands there is the "Calèche à bâtons" — also white. Finally, there is the bonnet called "la Cape" which is worn in the windward part of the island ; it is navy blue for work (to match the blue working dress) and black for outings. The "Calèche à bâtons" and the "Cape" are tending to disappear more rapidly that the "Calèche à platine".

These bonnets are very effective as protection against the sun. But another name for them is "Quichenotte" — a deformation of "kiss-me-not", so they must have been used as defense against hotblooded Englishmen or Swedes !

Les Créations du Pélican

La « Machine à créer » des Editions du Pélican ne produit pas que des livres.

Elle met à la disposition des établissements et organismes touristiques, ses idées, ses photos, son expérience aux Antilles, son équipe de professionnels de la publicité et son réseau de fournisseurs parmi les plus performants en Europe, afin de se pencher sur tout problème de dépliant, plaquette, affiche, logo, etc.

Contacter Jean-Michel Renault « Les Créations du Pélican », « La maison d'Eurydice » avenue de M. Teste
Montpellier 34070 **Tél. 67.45.24.21**
Guadeloupe : Loïc Codrons 24, allée des Perdrix SICAF
Destrellan 97.122 Baie-Mahault **Tél. 19 (590) 26.19.95**
St-Barthélemy : Loïc Codrons **Tél. 19 (590) 27.65.99**
St-Martin : Philippe Fiore. 97150 Marigot. BP 75.
Tél. 19 (590) 87.70.96

La peinture à Saint-Barth

Margot Ferra Doniger

Claire Rentoul

Saint-Barthélemy attire de nombreux peintres. La diversité et la beauté des paysages, la lumière exceptionnelle de l'île, les maisons et les villages typiques font que les peintres ressentent pour cette île un attachement tout particulier, ce qui leur permet de s'exprimer avec leur talent et leur âme. La plupart des peintres sont « de passage » mais certains sont installés ici comme Ferra Doniger, ou d'autres y séjournent périodiquement depuis de nombreuses années.

Ferra Doniger : qui a quitté l'île depuis 5 ans, est sans aucun doute le peintre de l'île le plus connu, et sa réputation a très largement franchi les océans. Sa technique très particulière (peinture et collage) s'adapte particulièrement au style du Pays. Ses sujets préférés sont les petites maisons Saint-Barths entourées de petits murets de pierres.

Alana Fagan : également Américaine, séjourne régulièrement plusieurs fois par an à Saint-Barthélemy, utilise avec une égale maîtrise l'huile, le pastel, l'aquarelle. Cependant, comme la plupart des artistes, elle choisit pour s'exprimer à St-Barth l'aquarelle. Elle est aussi très connue ici pour ses portraits.

Claire Rentoul : également Américaine, elle visite l'île depuis plusieurs années. Ses aquarelles ont une grande personnalité et originalité. Les couleurs sont très vives et attachantes. Elle obtient ce résultat en utilisant comme fond un papier coloré non absorbant. Ses sujets de prédilection sont le port, la ville et les petites maisons dans leurs contextes. Une peinture qui ne laisse pas indifférent.

Gill Walka : peintre Barbadienne, connue dans toute la Caraïbe pour ses aquarelles précises et imagées qu'elle a faites dans toutes les îles (Barbade, Martinique, Sainte-Lucie, Saint-Martin, etc.). Dans chaque aquarelle, la vie est présente. Elle a laissé à Saint-Barthélemy quatre reproductions qui donnent une idée précise de son talent.

Pierre Lacouture : né à Madagascar, il a séjourné un an à St-Barth, après avoir parcouru près de la moitié du monde, et surtout le pacifique d'où il nous est arrivé. Il est un des rares peintres à s'être exprimé par la peinture à l'huile. Il a cependant fait quelques aquarelles pour la plus grande joie des amateurs. Le choix des sujets de Pierre Lacouture est particulièrement heureux, et souvent, par ses toiles, il nous fait redécouvrir un coin de l'île que nous avions oublié ou mésestimé.

David Jones : peintre canadien qui préfère lui aussi l'aquarelle et qui ne peint que l'essentiel de son sujet, en abandonnant volontairement le superflu. La délicatesse de ses couleurs en font des peintures particulièrement agréables à l'œil. Lui aussi est un grand voyageur, en particulier des Caraïbes où il a laissé son empreinte un peu partout dans les îles qui lui ont inspiré de nombreux sujets.

La Bruyère : aquarelliste métropolitain qui a fait de nombreuses expositions au musée de la marine à Paris. Particulièrement attiré par la mer et son environnement (Bateaux, couchers de soleil). L'Horizon, la mer, les nuages sont des compositions parfaitement réussies. St-Barth lui apporte de nombreuses possibilités de s'exprimer surtout au coucher du soleil.

Judy Travis : jeune peintre américaine, originaire de Floride, est venue aux Caraïbes pour peindre leur incroyable beauté. Pour elle, St-Barth, son île préférée, est un lieu privilégié pour son inspiration.

Mary-Lou Devit : petite Américaine de Wilminton, s'est spécialisée dans les aquarelles sur St-Barth et les nombreux voyages qu'elle effectue dans le monde.

Stanislas Defize : né à Bruxelles, ayant fait de nombreuses expositions dans les capitales européennes avant de venir à St-Barth

Jbonjour

Trente six tableaux-collages de Margot Ferra Doniger représentant des maisons et des sites de St-Barth sont disponibles en cartes-postales à Gustavia. Le « Sélect » en propose à lui seul 25 différents.
Postcards of thirty-six collages by Margot Ferra Doniger showing St Barth houses and scenes can be bought in Gustavia. The "Select" alone stocks 25 different ones.

Gill Walka

il y a 5 ans. Depuis son installation à St-Barth, il a très vite pris une place importante. Il a conquis aussi bien la clientèle de passage que les résidents qui font appel à lui. Les amoureux de St-Barth aiment sa peinture, car il a su retrouver l'âme de St-Barth avec tout ce que l'île a de plus touchant.

St Barth attracts many painters. The variety and beauty of the landscape, the picturesque houses and villages and the quality of the light on the island endear it to artists. Most of the painters who work in St Barth generally come for a short visit, but others like Ferra Doninger have lived on the island or have made regular stays for many years.

Ferra Doninger left the island five years ago. She is undoubtedly the island's bestknown painter and her reputation has crossed the oceans. Her very individual technique (paint and collage) is particularly suited to the style of the place. Her favorite subjects are the small local houses surrounded by drystone walls.

Alana Fagan is American too and stays in St Barth several times a year. She works in oils, pastels and water-color. However, like most artists, she prefers water-color for pictures of St Barth. She is also very well-known here for her portraits.

Claire Rentoul is another American whose has made stays on the island for a number of years. Her water-colors are very individual and original with bright attractive colors, obtained by painting on non-absorbent colored paper. Her favorite subjects are the port, the town and the small local houses and their surroundings. Her paintings leave nobody indifferent.

Gill Walka, from Barbados, is known all over the Caribbean for her deft, vivid, water-colors of all the islands (Barbados, Martinique, St Lucia, St Martin, etc.). Her paintings - often of street scenes - display considerable vitality. She has left four reproductions in St Barth which give a good idea of her talent.

Pierre Lacouture was born in Madagascar and stayed in St Barth for a year after travelling almost halfway round the world, arriving across the Pacific. He is one of the rare painters to use oils. However, he has painted a number of water-colors - much to the delight of lovers of painting. His subjects are particularly well-chosen, and his canvases often reveal a corner of the island that one has forgotten about or underestimated.

David Jones is a Canadian painter who prefers water-color and paints only the essentials of the subject. His delicate palette helps to make his pictures very pleasant to look at. Jones is a great traveler, particularly in the Caribbean, and he has left his mark almost everywhere in the islands which have provided him with many subjects.

La Bruyère is a French water-colorist who has had many exhibitions at the Musée de la Marine à Paris. He is particularly attracted by the sea and everything associated with it (boats, sunsets) and produces very successful compositions of horizon, sea and clouds. St Barth is rich in possibilities for this painter - particularly at sunset.

Judy Travis is a young painter from Florida who came to Caribbean attracted by the incredible beauty of the islands. St Barth is her favorite island and a stimulus to inspiration.

Mary-Lou McDevit is from Wilmington in the U.S.A. and specialises in water-colors of subjects in St Barth and seen on her trips to different parts of the world.

Stanislas Defize was born in Brussels and held many exhibitions in European capitals before coming to St Barth five years ago. He soon established a reputation on the island, where his work is admired both by visitors and by permanent residents. "St Barth lovers" like his paintings because they manage to capture the essence of everything that is most appealing about the island.

Haut : à Karlstadt en Suède, Marius Stackelborough pose devant Oscar II. Bas : un groupe folklorique suédois à Gustavia pendant les fêtes du centenaire à la rétrocession en 1978.
Top: Marius Stackelborough posing before Oscar II in Karlstadt, Sweden. Bottom : Swedish folk group in Gustavia during the retrocession centenary celebrations in 1978.

Villkommen in St-Barth

Il y a beaucoup plus qu'une histoire oubliée entre la petite île du nord et le royaume du Grand Nord.

Il n'y a pas encore à St-Barthèlemy de représentation officielle ni culturelle des Trois couronnes de Suède, mais le pays des Oscar, des Karl et des Gustave d'antan a son ambassadeur inconditionnel. Marius Stackelborough est l'ami sincère de tous les Suédois qui débarquent dans l'île, et le principal artisan de la flamme entretenue à Gustavia en souvenir de la métropole d'avant-hier.

Au Select, dont nous reparlerons plus spécialement à l'intention des marins (voir pages pratiques), les Suédois de passage se réchauffent le cœur sous l'œil de leurs souverains, les oriflammes de leurs provinces de glace et les 24 phases du soleil de minuit que surveille la bonne image d'un rêve de Père Noël, seule manifestation sans doute, dans toutes les mers chaudes, du pays des Lapons.

La *St Barth Society of Sweden*, la société suédoise de Saint-Barthèlemy, créée en 1964 a pour objet, *d'agir de sorte que soient sauvegardés et soigneusement conservés les vestiges de la présence suédoise à St-Barth ainsi que les archives et objets se rapportant à l'époque suédoise de l'île qui se trouvent dans les Antilles et en Suède. De promouvoir la recherche portant sur cette époque et de favoriser le développement des relations entre St-Barth et la Suède.* Vaste programme dont les actions ont déjà été ressenties dans l'île.

Cette société participe actuellement à la fondation de la « maison de la Suède » près de Wall house dans le périmètre d'aménagement de la Pointe. En 1977, elle invita Marius Stackelborough à venir à Stockholm rendre visite au roi Carl Gustave XVI de Suède pour le remercier d'avoir fait une donation de 10 000 couronnes à Saint-Barth afin de restaurer le cimetière wesleyien de Public. Marius profita de l'entrevue pour offrir à son tour au souverain nordique un présent royal... un magnifique tee shirt marqué aux armes de l'île !

Si la plupart des enfants du cercle polaire ignore jusqu'au nom de la possession de leurs arrières grand-pères sous les tropiques, du moins les Saint-Barths se sont-ils trouvé une grande sœur scandinave. Depuis 1977, ils se sont rapprochés de Pitéa, un port et une commune dix fois plus peuplée (35 000 habitants), mais à peine plus âgée. En effet, l'édification de la grande ville sur le très septentrional golfe de Bothnie en 1621 est contemporaine de l'installation des premiers aventuriers français dans les Antilles.

Des relations commerciales sont également entretenues avec la Suède, mais elles relèvent plus du symbole que de véritables intérêts économiques : la Suède s'est émue de la pénurie chronique d'eau potable de l'île, aussi chaque semaine St-Barth reçoit de sa grande sœur scandinave des palettes entières de petites bouteilles bleues tout étincelantes de leurs jolies étiquettes dorées marquées « Ramlosa », une eau pétillante, genre « Perrier », garantie « fraîcheur polaire » et décrétée d'intérêt public depuis 1707. ... St-Barth devait déjà en boire pendant son siècle suédois ! Un autre produit descend des latitudes froides pour garnir les rayons des magasins de Gustavia, mais là, il faut sans doute y voir la volonté d'un gag : des allumettes... suédoises bien entendu.

Piteå

There must be many a forgotten story about the relations between the little Caribbean island and its northern mother-country.

Sweden has no official diplomatic or cultural representative in St Barth yet, but the kingdom which sent so many Oscars, Carls and Gustavs to the Caribbean has its unofficial ambassador in the person of Marius Stackelborough, friend to all the Swedes who land on St Barth and enthusiast preserver of relations between the island and its former motherland.

At the Select, which is mentioned elsewhere for yachtsmen (see practical information at the end of the guide), passing Swedes can overcome any homesickness they might be suffering from by having a drink under the portrait of their sovereigns, the arms of their chilly provinces, the 24 phases of the midnight sun and the picture of a fine reindeer which probably belonged to Santa Claus - probably the only thing associated with Laplanders in the whole of the Caribbean.

The St Barth Society of Sweden was founded in 1964 with the purposed of *"taking steps to protect and carefully preserve the vestiges of Swedish presence in St Barth and to conserve archives and objects in Sweden and in the Antilles which are connected with the Swedish period of the island's history, to encourage research into this period, and to encourage the development of relations between St Barth and Sweden."* This is quite a program, and the effects have already been felt on the island.

The Society is currently participating in the creation of the "Maison de la Suède" (Swedish house) near Wall House. In 1977, Marius Stackborough was invited to Stockolm to pay a visit to King Carl Gustav XVI to thank him for the donation of 10,000 crowns to St Barth for the restauration of the Wesleyan cemetery at Public. Marius took advantage of the occasion to give the king a present - a magnificent tee-shirt with the arms of the island printed on it !

Pitea is a town on the very northerly Gulf of Bothnia and it was founded in 1621 - when the first French adventurers settled in the Antilles. Another common feature is that the cold northern town is very pleasant in the summer and attracts visitors. On the 15th August of every year a regatta is held in "parallel" on the Gulf of Bothnia and in the Caribbean to cement the friendship between Pitea and St Barth.

There are also trade relations with Sweden, but these are of a more or less symbolical nature. The Swedes were distressed by the chronic shortage of water on the island and so whole palettes of little blue bottles with pretty gold labels arrive every week. These contain "Rambösa", a sparkling mineral water of the "Perrier" type. "Rambösa" is guaranteed "polar fresh" and was declared to be of public interest in 1707. It was probably drunk in St Barth during the Swedish century !

Consul honoraire de Suède : M. G. Aubéry, 10, rue de Nozières - 97110 Pointe-à-Pitre - Tél. : 82.45.66.
Société de Saint-Barthélemy/St-Barthélemy Sallskapet. Secrétaire : M. Allan Richard, Karlaplan 8-11460 Stockholm-Sverige.

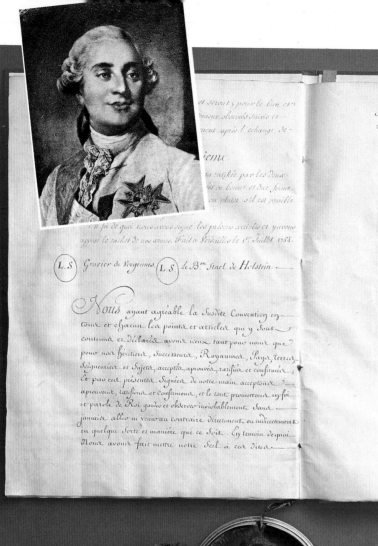

présentée. Donné à Versailles le vingt Sixième jour du mois de Juillet l'an de grace mil Sept Cent quatre vingt quatre et de notre regne le onzieme.

Louis

Par le Roi

Le C.te de Vergennes

...et seront, pour le bien et...
...serons observés suivis et...
...ment après l'échange de...

...ieme...
...ra ratifiée par les deux...
...es en bonne et due forme...
...ou plutôt s'il est possible...

...en foi de quoi nous avons Signé les presens articles et y avons apposé le cachet de nos armes. Fait à Versailles le 1.er Juillet 1784.

(L.S.) Gravier de Vergennes (L.S.) le B.on Stael de Holstein

Nous ayant agreable la Susdite Convention en toute et chacune leur pointe et articles qui y Sont contenus et Declarés avons iceux tant pour nous que pour nos Heritiers, Successeurs, Royaumes, Pays, terres, Seigneuries et Sujets, accepté, approuvé, ratifié et confirmé, Et par ces presentes Signée de notre main acceptons approuvons, ratifions et Confirmons, et le tout promettons en foi et parole de Roi garder et observer inviolablement Sans jamais aller ni venir au contraire directement ou indirectement en quelque Sorte et maniere que ce Soit. En temoin de quoi Nous avons fait mettre notre Seel à ces Dites...

Bonjour StBarth Bonjour

Un projet de médaille du XVIIIe
An 18th-century design for a medal

Parlons impôts

Depuis quelque temps, un vent de panique souffle et gronde sur notre petit « Monte Carlo sur Caraïbe ». Avec sans doute quelque désinvolture, l'administration fiscale guadeloupéenne a entrepris d'imposer les Saint-Barths, comme tout un chacun dans le département.

« De quoi, de quoi ? » s'est exclamé d'une seule et unanime voix toute la population de l'île. « *Quelle mouche a encore piqué la Guadeloupe ? » « La détaxe à Saint-Barthèlemy est un fait entendu et admis par tout le monde depuis des siècles !... Et l'histoire alors ? Que fait-on de l'histoire ? Il existe des écrits, des votes et des traités ! Il n'est plus question maintenant d'en changer une seule virgule... Ou l'on remet en question la valeur des signatures de Mac Mahon, de Louis XVI et des souverains suédois : Gustave III et Oscar II, rois de Suède, de Norvège, des Goths et des Vandales...!!! »* Mais pour les nouveaux responsables du trésor public guadeloupéen, les Goths, les Vandales, voire même Mac Mahon, c'est de l'histoire ancienne. Tout ça c'est du folklore qui n'a plus cours à l'heure où les caisses de l'état ont du mal à se remplir. « *St-Barth jouit des mêmes services que partout ailleurs : P.T.T., E.D.F., gendarmerie et pompiers... et possède même, en haut de la rue Thiers à Gustavia, une jolie petite perception toute neuve !... Tout ça, il faut le payer, alors, chers contribuables, à vos bas de laine !...* répondirent froidement les Guadeloupéens.

Les actes suivirent rapidement les paroles et des centaines de feuilles au contact désagréable arrivèrent dans les boîtes de plastique blanc qui jalonnent les routes de l'île. Mais c'est vraiment ignorer l'origine normande et la ténacité des Saint-Barths que de croire que de simples feuilles de papier puissent déranger leur façon de compter.

Aussi à Saint-Barth, on s'organise. La polémique est engagée avec la Guadeloupe, chacun y va de son commentaire et avance des arguments :
« *Le Sénat a décidé dans un procès verbal que la charge de Saint-Barthèlemy soit supportée par la France et non par la Guadeloupe à laquelle elle ne sera attachée administrativement que par souci de simplicité du fait de leurs situations géographiques proches aux Antilles »... « Si Paris décide de nous imposer, elle se dédit de ses engagements et rend caduque le traité international de rétrocession de l'île à la France signé avec la Suède en 1877... et nous redevenons suédois ?* etc. etc.

Restent les écrits. Tout le monde fouille les vieux papiers et remue les archives de l'île disséminés entre St-Barth, Basse-Terre, Paris, Aix-en-Provence et, naturellement, Stockholm, et pour finir, une grande partie de cache-cache s'est engagée avec le traité original de rétrocession et son protocole du 10 août 1877.

Le dossier « Détaxe à St-Barth » est actuellement entre les mains du Conseil d'état, seul à pouvoir statuer dans un cas de ce genre. Aussi les Saint-Barths s'arment de patience, furieux, pour certains, de se voir bloquer leurs comptes bancaires par l'administration fiscale de la Guadeloupe.

Mais voyons de plus près ce que disent les textes

Aussi loin que l'on puisse chercher dans les « vieux papiers », les questions fiscales semblent avoir toujours eu de l'influence sur la destinée de Saint-Barthélemy. Le 24 février 1627, 532 bretons et normands s'embarquent avec Pierre Belain d'Esnambuc du Havre de Grasse (Le Havre) vers l'île de St-Christophe où leur souverain Louis XIII avait promis des terres contre leur sueur, avec l'assurance qu'elles seraient nettes de toute redevance. Ils fondèrent en 1629 la toute première colonie française à Saint-Barthèlemy malgré la menace des Caraïbes. Ces premiers Saint-Barths étaient à l'origine de pauvres paysans dont la plupart choisirent l'exil pour fuir, selon des écrits de l'époque, la pression fiscale insoutenable qu'imposait le cardinal de Richelieu à la France de Louis XIII. Aussi on peut considérer que le pli fut pris dès le XVIIe siècle. Sautons à grands pas l'histoire pour en arriver à l'année 1784.

De retour d'Italie, le roi de Suède, Gustave III, rend visite à son grand ami, le roi Louis XVI, et l'entretient de son désir d'ouvrir à son pays des horizons nouveaux. Un accord fut vite conclu entre les deux monarques et le 7 mars 1785 la Suède prenait officiellement possession de Saint-Barthèlemy, ce petit caillou desséché des Antilles dont la France ne s'était guère souciée auparavant, et offrait en contrepartie de considérables entrepôts de marchandise à Göteborg, grand centre commercial suédois. Le troc était de toute évidence plus juteux du côté des Français, d'autant que ceux-ci pouvaient désormais compter sur l'aide de leurs « alliés » nordiques dans les éternels conflits qui les opposaient avec les Anglais aux Antilles.

L'île fut remise au premier gouverneur suédois, le baron Rajalin, par M. Descoudrelles, le gouverneur français de Saint-Martin. Un mois plus tard, le 16 avril 1785, le nouveau gouverneur de Saint-Barth proclama une ordonnance concernant les taxes dues dans l'île :
« *Nous, Salomon Mauritz von Rajalin, en vertu des pouvoirs conférés par Sa Majesté, permettons à tout vaisseau de toute nation une libre entrée au port de Carénage situé dans l'île de Saint-Barthèlemy et d'y importer toute espèce de marchandise, avec l'assurance qu'aucune sorte de douane sera prélevée sur elle, autre qu'un demi dollar à leur départ, jusqu'à ce qu'il plaise à Sa Majesté d'en décider autrement »*.

— Le 7 septembre de la même année, le roi Gustave III confirma cette ordonnance prise aux Antilles et déclara l'île « port Franc » par décret royal.
Cette mesure visait essentiellement à attirer le commerce maritime américain ; le résultat se fit très vite sentir et dépassa tous les espoirs. C'est ainsi que le petit rocher, autrefois déshérité, réussit à envoyer de 1795 à 1820 près de quatre milliards de francs (ou quatre millions de couronnes) à la Suède, sans compter les sommes considérables investies pour l'aménagement de l'île.

Gustave III, roi de Suède.
Gustaf III, King of Sweden

Ce statut particulier, qui a sauvé de l'oubli l'île de Saint-Barthélemy, est toujours en vigueur aujourd'hui ; aussi, par reconnaissance, les habitants de l'île ont comme projet de faire ériger dans l'aérogare du nouvel aéroport « Gustave III » à Saint-Jean, un monument à la mémoire du souverain suédois et d'y faire graver le texte de son édit du 7 septembre 1785 dans le ferme espoir de donner au statut de « Port Franc » un caractère définitif.

— Le 26 mars 1804, par Acte du Gouvernement Royal de Suède, suite à la décision du 2 septembre 1803 du « Justicier » Arden Bergstedt, les habitants de Saint-Barthélemy furent exonérés d'impôts directs. La détaxe de l'île fut complète.

Après une longue période de prospérité, l'île subit de plein fouet la concurrence des îles Vierges, et la récession économique, générale aux Antilles depuis que la navigation à vapeur a permis de traverser l'Atlantique plus rapidement et sans escale obligatoire dans les îles. De plus elle ne se remit pas des catastrophes naturelles successives des années 1850, aussi la Suède chercha à se débarrasser de la charge de l'île, devenue petit à petit trop pesante pour les caisses royales.

Le 10 août 1877, St-Barthèlemy était rétrocédée à la France

C'est sur ce traité international, signé à Paris par le Président de la République Française, M. le Duc Decazes, Duc de Glücksbjerg, et le Baron Adelsvärd, envoyé spécial du roi de Suède et de Norvège Oscar II, et sur son protocole annexe du 31 octobre 1877, que toutes les théories favorables à la détaxe se basent, et il faut bien admettre que les textes sont d'une clarté sans équivoque à ce sujet :

l'article 1er du traité dit en substance :

Sa Majesté le Roi de Suède et de Norvège rétrocède à la France l'île de Saint-Bartélemy et renonce en conséquence, pour lui et tous ses descendants et successeurs, à ses droits et titres sur la dite Colonie.

Cette rétrocession est faite sous la réserve expresse du consentement de la population de Saint-Barthélemy et, en outre, aux conditions énumérées dans un protocole spécial *qui sera annexé au présent traité et considéré comme en formant partie intégrante.*

L'article 3 du Protocole spécial commence comme suit :

« La France succède aux droits et obligations résultant de tous actes régulièrement faits par la Couronne de Suède *ou en son nom pour des objets d'intérêt public ou domanial concernant spécialement de la Colonie de Saint-Barthélemy et ses dépendances, en conséquence les papiers et documents de toute nature relatifs aux dits actes qui peuvent se trouver entre les mains de l'administration suédoise, aussi bien que les archives de la colonie seront remis au Gouvernement français. »*

— Par 350 voix contre une, les notables de l'île approuvaient la rétrocession.

— Le 4 mars 1878, le Maréchal Mac Mahon, duc de Magenta, signa la ratification du traité et de son protocole dans ces termes :

« Ayant vu et examiné le dit traité ainsi que le Protocole annexe, nous l'avons approuvé en vertu des dispositions de la loi votée par le Sénat et par la Chambre des députés ; déclarons qu'il est accepté, ratifié et confirmé, et **Promettons qu'il sera inviolablement observé ».**

— Dès le 21 novembre 1878, le Conseil Général de la Guadeloupe, pour respecter les droits des St-Barths, prit une délibération exonérant les habitants de Saint-Barthélemy d'impôts directs.

— Le 11 mars 1879, un décret présidentiel signé Jules Grévy, le successeur de Mac Mahon à la tête de l'état français, approuve la délibération du 21 novembre.

En fonction de tous ces textes et en toute logique, les habitants de Saint-Barthélemy échappent aux impôts directs depuis le 26 mars 1804.

La seule et unique ressource qui reste aux percepteurs guadeloupéens de changer cet état de fait à St-Barth, est d'« ergoter » sur le seul mot un peu flou du traité de rétrocession : *« La France succède aux droits et obligations résultant de tous actes* **régulièrement** *faits par la Couronne de Suède... »*

Et c'est bien sur le mot **« régulièrement »** que le Conseil d'état, saisi à ce sujet, est en discussion actuellement.

Gustave III, dans son décret royal du 26 mars 1804 a-t-il fait un acte régulier en exonérant les St-Barths de l'impôt direct ou a-t-il cédé à un caprice peu orthodoxe compte-tenu des lois suédoises de l'époque ?...

Si demain, dans ce contexte hors taxe, les St-Barths décidaient d'ouvrir leur propre banque mutuelle, il est fort à parier que les bénéfices dégagés par le simple fonctionnement de cette banque couvriraient largement les dépenses publiques de l'île, sans avoir à faire appel aux financiers guadeloupéens. Une telle « petite Suisse » aux Antilles drainerait des devises étrangères sur un territoire français, aussi nous assisterions certainement au phénomène particulier qui verrait la mère patrie, la France, faire appel aux financiers St-Barths pour son commerce extérieur.

Entr'autres singularités...

Dans bien d'autres domaines l'île se singularise des autres communes de France; elle demeurerait toujours d'après les textes : « territoire neutre et démilitarisé ».

La présence de la gendarmerie à Saint-Barthélemy n'est le fait que d'une simple tolérance de la part de la municipalité et elle ne devrait normalement pas porter d'armes sur l'île.

Par contre la police municipale a force de loi puisqu'elle est « police locale ».

Dans le cas d'un conflit, par exemple, l'île de Saint-Barthélemy serait le seul territoire français à pouvoir traiter directement avec une puissance étrangère ou les nations unies pour se défendre.

En vertu des mêmes textes, aucun jeune St-Barth n'était appelé sous les drapeaux pour y effectuer son service militaire jusqu'en 1958. La participation aux deux guerres mondiales de ses fils ne fut que sous la volonté expresse de St-Bartélemy de venir en aide à la mère patrie.

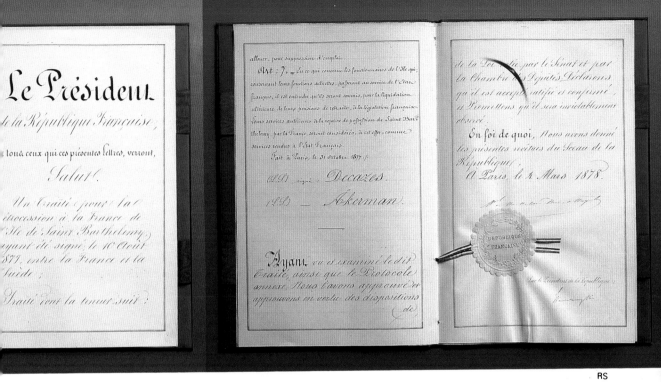

Qu'en est-il de la question, en fin 1987

A l'heure actuelle aucune décision officielle n'a été prise pour le statut de St-Barth et il y a fort à parier que lorsque vous lirez ces lignes il en sera de même.

Les impôts indirects : TVA, impôts fonciers, taxe d'habitation... n'existent pas. Seule une taxe AD VALOREM de 4 % est perçue sur toutes les marchandises arrivant sur l'île.

En 1986 les impôts ont été remis à ceux qui les avaient contestés et désormais les habitants « négligent » de remplir leur déclaration annuelle de revenus.

Nous pourrions appeler cela un round d'observation où les hommes politiques s'agitent pour ou contre un statut de territoire, de département ou d'entité à part. Mais ne nous laissons pas berner par les nombreux médias qui pastichent St-Barth pour en faire un lieu de plaisir et de fraude. En effet si on se divertit à St-Barth on y travaille aussi et la population est composée de gens sérieux qui pensent à l'avenir de leur île. C'est pourquoi nous nous attacherons à décrire le St-Barth de l'an 2000, le St-Barth de demain.

Le passé existe et il faut, j'en suis convaincu, restaurer et mettre en valeur notre île pour lui redonner cette image de rêve chère à tous ceux qui en sont amoureux.

Notre île possède la stabilité politique, économique, sociale et, en plein milieu de l'arc volcanique antillais; n'en doutons pas, c'est le gage de son avenir. Mais l'argument publicitaire massue de St-Barth doit rester la sécurité au même titre que le soleil et la mer.

Un gros effort devrait permettre à la police locale de savoir exactement à toute heure qui est qui, partout sur St-Barth, sans nuire à la vie privée des habitants mais pour la leur rendre plus agréable. Evidemment il faut entreprendre une politique touristique énergique en multipliant les activités culturelles et artistiques pour que les habitants d'un jour ou d'une vie choisissent leurs loisirs. Le divertissement doit aussi s'allier avec sécurité et si cette symbiose est réalisée, elle sera l'atout gagnant du St-Barth de demain.

St-Barth demain sera l'île du bonheur si de vastes programmes d'amélioration et de modernisation dans la circulation, l'habitat et l'équipement sont lancés, si l'on développe les activités artisanales adaptées au pays et si l'on favorise l'entreprise privée en l'internationalisant. En échange St-Barth offrira ses avantages fiscaux.

Pas d'impôt sur le revenu.

Pas de droits de succession pour les enfants et les conjoints.

Pas de TVA et de taxes foncières.

Pas d'impôts sur les plus values ni sur les intérêts des dépôts effectués dans les banques.

Une taxe AD VALOREM pour alimenter les finances locales.

Mais si la France, demain, remettait en question ces avantages, St-Barth retrouverait le chemin de l'exil et serait entre les mains de financiers plus ou moins honnêtes qui détruiraient l'œuvre de générations de St-Barth. En fait la France n'a pas envie de tuer la poule aux œufs d'or. St-Barth demain, ce seront des rentrées de devises par milliards que la Banque de France pourra comptabiliser dans ses caisses et le Label France pourra chaque soir embraser le ciel bleu de l'île américaine où coule la douceur de vivre française.

Du sable et de l'eau
Sand and water

...Telle pourrait être définie, de façon brève, l'île de St-Barthélemy. Au pays où le soleil donne à longueur d'année rendez-vous avec les touristes, ses voisines antillaises lui envient le choix incomparable de ses plages au sable blanc, blanc comme le teint naturel de ses habitants.

L'île qui s'étire à peine sur 10 kilomètres entre la Pointe à Toiny et la Pointe à Colombier, ses deux extrémités, a réussi la prouesse de réunir plus de vingt plages, toutes différentes, le long de ses côtes en dents de scie. Aussi, la petite route en lacets qui serpente autour de St-Barth enfile les étendues de sable les unes aux autres comme un fil réunirait des perles dont la pureté terait le collier le plus somptueux de la Caraïbe.

Chaque plage possède ses propres atouts. Certaines voient rentrer chaque jour les barques des pêcheurs, toutes remplies d'une pêche encore frétillante, comme les plages de Corossol, de l'Anse des Cayes et de Lorient d'autres offrent, aux baigneurs le spectacle des numéros de voltige des pélicans et des frégates, d'autres encore présentent aux sportifs les plans d'eau et les fonds marins les plus adéquats pour la planche à voile, le surf ou la plongée.

Les fidèles de l'huile solaire préféreront s'étendre sur les plages de Flamands ou de saline pour leurs étendues généreuses de sable fin.

D'autres choisiront les plages de Grand Cul-de-Sac et Petit Cul-de-Sac pour le calme et la limpidité de leurs eaux protégées des embruns du large par une barrière de corail.

D'autres encore opteront pour les plages de Petite Anse de galets de St-Jean pour leur proximité avec leur hôtel ou leur restaurant préféré ou, à l'inverse, n'hésiteront pas à rouler sur des chemins de chèvre et à marcher à travers des forêts de cactus géants pour atteindre les savoureuses plages de Robinson Crusoé que sont les Anses de Colombier, de Gouverneur, de Maréchal, etc.

D'autres enfin s'amuseront à gratouiller le sable de toutes ces plages à la recherche de jolis coquillages de porcelaine ou des doublons de « Monbars l'exterminateur ».

... This little phrase sums up St Barth. The sun is there all the year round for the vacationer, and neighboring islands are jealous of St Barth's unequalled choice of beaches covered with sand as white as the natural coloring of the islanders.

The island is only some 6 miles long, measured from Pointe à Toiny to Pointe à Colombier, but the irregular coastline boasts over twenty beaches - all different. A little winding coast road threads all these fine white beaches together like a pearl necklace - the finest in the Caribbean.

Every beach has its own character and its own attractions for the visitor. At some of them - Corossol, Anse des Cayes, Lorient - you can watch the fishing boats bring in their sparkling, multi-colored catches. At others, pelicans and frigate birds put on their high-diving acts, and then there are still other beaches where the water is perfect for sailboarding and surfing and where the under water landscapes will keep divers happy for hours.

For a good sun-tan you might stretch out on the soft sand of the wide Flamands or Saline beaches. Or you may prefer the calm, clear waters of Grand Cul de Sac and Petit Cul de Sac protected from heavy seas by a coral reef. Or perhaps you might choose Petite Anse de Galet or St Jean because they are near your hotel or your favorite restaurant.

If you don't like company you can always drive along goat tracks or walk through forest of giant cacti to reach the delightful Robinson Crusoe style beaches of Anse de Colombier, Anse de Gouverneur, Anse de Maréchal, etc. Collectors and treasure-seekers can go round all these beaches and dig for pretty sea-shells or for Monbars the Exterminator's doublons.

Le sable de Colombier. The beach at Colombier

Bonjour St Barth

Le tour des plages
A tour of the beaches

« Plus près de toi, mon Dieu ! »... un piqué d'enfer

La plaine de la Tourmente porte bien son nom. La réputation de la piste qui vous attend a fait le tour des Antilles. Le tour du monde même, au point que beaucoup ne connaissent de Saint-Barthèlemy que le ouï-dire de son terrain acrobatique sur la baie de Saint-Jean. Le plan d'approche de la piste qui avoisine les 15 % de pente procure des émotions fortes, surtout lorsque les vents dominants du Nord se mettent de la partie. Un terrain que l'on découvre à la dernière minute, un plongeon de dernières secondes, par dessus une route fréquentée, et au bout des 640 m de piste, la mer qui vous tend ses vagues.

Une qualification spéciale est exigée des pilotes qui, dans leur numéro d'atterrissage à Saint-Barth, restent les acteurs d'un spectacle apprécié. La route vers Flamand et Colombier qui domine la plaine est le chemin de promenade dominicale des Saint-Barths. Dans les voitures à l'arrêt, on regarde les avions atterrir et décoller. Au carrefour des routes de Saint-Jean et de Gustavia, sur la crête, les touristes attendent, appareil photo en main, l'apparition de l'avion.

Tant de curiosité pourrait faire oublier le confort que doit représenter le terrain d'aujourd'hui pour celui qui en fut le pionnier (ainsi que de Saba) et qui le pratique toujours. Lorsque Rémy de Haenen, l'ancien maire-pilote de l'île, posa pour la première fois en 1947 son « Kearwin Porter biplace en tandem, monomoteur de 90 CV avec 5 cylindres en étoile fabriqué aux Etats-Unis sous licence française Leblond », la savane encore vierge avait en moins (est-il nécessaire de le rappeler ?) la sécurité d'une piste, mais il y avait en plus, une rangée d'arbres entre l'avion qui freinait et la plage. Il faudra d'ailleurs une dizaine d'années pour que soit légalisé ce terrain coincé entre le morne et l'océan, au pied du « Château », un monolithe de 40 m qui veille comme un vieux donjon au nord de la petite plaine.

Pour se poser à Saint-Barth, les commandes ne peuvent donc pas être placées entre toutes les mains. Mais les as sont nombreux, si l'on en croit le trafic parfois incessant de l'aéroport confetti. C'est qu'il y a de plus en plus de candidats au séjour à Saint-Barthèlemy et peu d'élus dans chaque appareil limité en poids (5,7 t) et donc en passagers (20 personnes). Ainsi sont multipliées les rotations des trois compagnies régulières, d'une pléiade de charters et d'avions privés.

"Nearer, my God to thee !" ... a steep dive to paradise

It is said that many people would never have heard of St Barth were it not for its airport. There may be some truth to this if you watch the pallid faces of some of the incoming passengers. And there can be no denying, on the part of pilot and passenger alike, the thrill of one's first approach by air. Where, you ask yourself,

Saint-Jean

palms moist, can the airport be ? Surely not behind that mountain !

But it is. Hardly reassuring, a cement cross sweeps past, the aircraft seems to plunge into a bottomless void, and then, miraculously, you are once again on solid ground. It's only when you're taxiing back that you notice the cars lined up on the road alongside the runway. And the tourists breathlessly poised with their cameras. Without knowing if, you have just been part of an event.

In truth, though, the whole thing is exaggerated. As far as technical aspects are concerned, the airport is indeed different from others, but not a dangerous one as long as the pilot respects and is intimately familiar with that difference. There are days, of course, when a north wind can give the passenger a distinct sensation of riding in a runaway roller coaster, but this, fortunately, doesn't happen often. As an added measure of precaution, every pilot landing in St Barth must, in addition ot his normal license, possess a second certificate which is only issued after a check ride by an examiner. Little is left to chance.

St Jean airport today is very different from what it must have appeared to Remy De Haenen in 1947, when the became the first man to land an aircraft on St Barth (Mr De Haenen, owner of the Eden Roc Hotel and once Mayor of St Barth, was also the first to land in Saba). In those days there existed, of course, no runway, only grass and trees which blocked access to the beach. Cows and goats were a constant hazard, but De Haenen, in his Kearwin-Porter single-engine bi-plane, obviously took it all in his stride. Both pilots and passengers today owe a great deal to De Haenen, one of the authentic pioneers of aviation in the Caribbean.

Due to the nature of the airport, types of aircraft serving the island are necessarily limited to a maximum passenger capacity of twenty seats. Three scheduled lines and a number of charter companies, form the nucleus of St Barths' traffic, along with an ever-increasing number of private aircraft.

Bienvenue à Saint-Jean

Saint-Jean voit passer chaque mois sur son aéroport deux fois la population totale de l'île, soit plus de 250 passagers par jour, et les chiffres ne cessent de grimper.

Après la seconde guerre mondiale, Saint-Barthèlemy fit sa révolution, une révolution économique et culturelle pour le moins originale, en forme d'hélice. Une révolution mécanique qui a propulsé l'île sur la voie des échanges modernes, parce qu'elle découvrait simultanément le moteur de bateau et celui de l'avion.

Les Saint-Barths ont complètement adopté, depuis, l'avion pour leurs déplacements, laissant le port aux plaisanciers et au trafic commercial. L'avion déverse également sur Saint-Jean l'essentiel du flot des étrangers, qu'ils viennent en touristes ou pour séjourner dans leurs résidences secondaires (ou tertiaires... Pour la grande majorité, il s'agit de riches Américains). A tous

Atterrissage réussi !
A successful landing !

Le Château veille sur la piste
The "Château" overlooking the runway

Souvenirs attendris sur l'ancien aéroport
Shed a tear for the old airport

A.G.

A

Bienvenue à Saint-Barth
Welcome to St Barth

ces titres, l'installation de l'aéroport a permis le décollage de l'île et entretient son ouverture sur le monde. Depuis la création des deux lignes directes et hebdomadaires entre Paris et Juliana, l'aéroport de Saint-Martin, les liaisons avec la France ne passent plus obligatoirement par Pointe-à-Pitre. Les amarres avec la jalouse Guadeloupe sont ainsi larguées. Faut-il espérer pour bientôt un statut officiellement adapté aux « îles du nord » ?...

Welcome to St Jean

Passenger traffic at St Jean airport totals twice the population of the island every month ; that's over 250 people a day and the number keeps on going up.

After the Second World War, St Barthèlemy experienced an original economic and cultural revolution in the form of the discovery of the propeller — a mechanical revolution which has put the island within the scope of modern commercial life by means of the marine and aircraft propeller.

Since then the islanders have adopted the aeroplane as their sole means of transport, leaving the port to yachstsmen and cargo. Air services also bring most of the foreigners who come to the island — either as tourists or to stay in their second (or third, or fourth...) homes. Most of them are rich Americans. For all these reasons, the building of the airport enabled the island to take off and keeps it in contact with the rest of the world. Now that there are two direct flights every week from Paris to Juliana Airport in St Martin, the trip from France no longer has to be through Point à Pitre. Links with jealous Guadeloupe have thus been severed. Perhaps there is reason to hope for an official status for the ''northern islands'' ?

L'« aéroport international Gustave III »

La camionnette jaune de l'aviation civile, plantée dans l'herbe pour réceptionner les messages des appareils en approche, le gendarme de l'immigration toujours souriant dans sa guérite, l'arbre-salle d'attente sous lequel déambulent les gros lézards et le chaleureux comptoir de « Joe », tout cela fait désormais partie du passé.

Depuis 1984, l'année du bicentenaire de la cession de l'île aux Suédois, l'aéroport de poche de Saint-Jean a fait peau neuve de l'autre côté de la piste et s'est baptisé « Aéroport international Gustave III ». Il fallait remercier le souverain suédois d'avoir décrété l'île « port franc » le 7 septembre 1784 car la question des impôts à Saint-Barth est toujours d'actualité. Les services fiscaux français se heurtent depuis toujours sur ce décret royal et sur le traité de rétrocession de 1877, pour ponctionner de nouveau les revenus des Saint-Barths. Le profil de sa majesté Gus-

Eden Rock

taf, roi des Goths et des Vandales illumine ainsi de sa bonté le hall d'arrivée de l'aéroport... Bienvenue aux devises fraîches non imposables !

Terminés les bagages que l'on amoncelait contre les petites barrières en bois pour embarquement, finis les cafouillages innommables dans les réservations et plus de problème pour reconnaître sur le visage des quelques messieurs accoudés au bar celui qui pourra vous louer une voiture. Tout se passe maintenant comme partout ailleurs, devant des box et des comptoirs. Le bâtiment présente à l'étage un authentique poste de contrôle et, au rez-de-chaussée, des bureaux, des boutiques, un bar, un restaurant bientôt, des curieux, quelques « traine-savates », des hôtesses de charme, etc., etc. Seule la piste n'a pas changé. On trouve toujours autant de boîtes kodak vides dans l'herbe sèche qui borde la route au col de la Tourmente.

"Gustaf III International Airport"

The yellow civil aviation van parked in the grass to receive messages from approaching aircraft, the smiling "immigration gendarme" in his booth, the tree-waiting-room with its large lazy lizards lounging about below, and Joe's friendly bar now all belong to the past.

Since 1984, the bicentenary of the cession of the island to Sweden, the pocket-sized St Jean aerodrome has been refurbished on the other side of the runway and has been baptised "Aéroport International Gustaf III". It was the moment to express gratitude to the Swedish sovereign for having decreed on September 7th 1784 that the island should be a "free port" since the question of taxes is still an issue in St Barth. The French revenue authorities have always come up against this royal decree and the 1877 retrocession treaty when they have wished to tax income in St Barth again. The profile of His Majesty Gustaf, King of the Goths and the Vandals, thus illuminates the arrivals lounge of the airport with his generosity. Welcome to fresh, non-taxable foreign currency !

Tourist-City

Un groupe de quelques maisons devenu en peu de temps, et presque à longueur d'année, la plus forte concentration d'êtres vivants de Saint-Barth. Et avec, devinez quoi sur cette île déserte ? Des embouteillages (de quelques secondes, je vous l'accorde, mais tout de même !). Les heures de pointe sont ici celles des entrées et sorties des restaurants et des hôtels. Il y en a plus de 20 à ce jour qui sont venus dresser leurs tables et leurs lits à proximité ou à même la plage.

Une règle interdisant sur l'île les constructions de plusieurs étages, les établissements tentent d'épouser le paysage en s'y faisant oublier. On les a vus, ces dernières années, escalader les pentes du morne en pavillons dispersés, et s'étendre autour de leur ancêtre à tous, le prestigieux Eden-Rock, l'hôtel de l'ancien maire. L'ex-patron de Saint-Barthélemy a choisi pour édifier son palais un rocher au cœur de la baie de Saint-Jean, où une batterie, autrefois, protégeait les corsaires au repos dans ce carénage. Là, il a posé son nid d'aigle, un petit paquet de maisons plus familières aux pélicans qu'aux rapaces de toute espèce. Son successeur à la mairie a aussi un établissement dans le coin. Mais comme bien d'autres, il a construit sur le sable pour tenter les touristes gour-

Saint-Jean

Très belle plage de sable blanc de 600 mètres de long sur 25 de large. Séparée en deux par le rocher de l'Eden-Rock. Des cocotiers, beaucoup de sable et quelques rouleaux. Planches à voile, Hobie Cat, etc.

A very beautiful beach 650 yards long and 30 yards wide. It is divided in two by Eden-Rock. Coconut palms, lots of sand and a few rollers. Sailboards, Hobie Cats etc.

mets qui n'ont pas besoin de sacrifier un déjeuner pour profiter de la plage.

La densité d'élus au m² ne doit pas laisser supposer que Saint-Jean accueille sur son sable les conseils municipaux. Même si l'heure des repas peut être l'occasion d'audiences à table, priorité est ici donnée au confort, au plaisir et au chéquier des touristes. Des boutiques leur offrent parfums fous, fringues et bijoux très comme il faut, avec les dernières marques « zéro-faute » de Paris ou de New York. Un nouveau centre commercial a fixé, autour de ces boutiques de jour, un des rendez-vous le soir de ceux qui veulent vivre un peu plus tard qu'ailleurs dans l'île.

Saint-Jean n'est pas seulement un lieu de passage. On compte sur ses hauteurs la plus importante fixation de résidences secondaires, souvent habitées une grande partie de l'année.

Et puis, comme partout dans l'île, il ne faut pas s'y laisser prendre : le cœur du Saint-Barth profond ne bat jamais très loin. Au rythme d'un petit tronçon de route escarpée, vous serez bien vite à Salines. Avec la Tourmente et le carrefour de Lorient, c'est

No more luggage piled up against the little wooden fences ready to be loaded into the plane. No more incredible mess-ups in bookings, and no more problems trying to work out which of the gentlemen leaning on the bar is the one who can rent you an automobile. Now everything happens just like everywhere else — it's all booths and counters. There's a real check-point upstairs ; downstairs there are offices, shops, a bar and there's soon to be a restaurant ; there are onlookers, a few hangers-about, and pretty hostesses, etc. Only the runway hasn't changed. And there are still just as many empty film cans lying in the dry grass along the road at Col de la Tourmente.

le seul axe qui coupe l'île en deux en joignant ses rivages nord et sud. Ce chemin, récemment promu à la dignité de route bétonnée est un pont jeté entre la zone n° 1 du *tourist way of life* et la belle plage de Salines. D'un sable à l'autre, quelques minutes à peine suffisent.

Tourist City

Here where there used to be just a few houses only a few years ago there is now the densest concentration of human beings on St Barth. Nearly all the year round. And there are also... guess what ? Traffic jams ! (they only last a few seconds, but all the same...). The rush hour here is when hotels and restaurants are filling up or emptying. To date, twenty establishments have set out their tables and beds on or near the beach.

A local regulation limits buildings to one story, and so the new constructions try to blend into the landscape. In recent years they have managed to work their way up the hills around the first of them all - prestigious Eden Rock, a hotel that belongs to a former mayor. It is built on a rock which juts out into the beach in the heart of St Jean bay, at the sport where a battery of cannon used to protect the privateers at anchor. The new mayor also owns an establishment here, but like many others it is built directly on the beach to tempt gourmets who won't have to miss lunch to profit from sea and sun.

The high density of mayors per square yard does not mean that the beach is used only for municipal business. Even if there are a few mealtime meetings, priority is always given to vacationers' comfort, pleasure and check books. Boutiques offer the types of fashionable clothes, perfume and jewellery that you might expect to find in Paris or New York. There is also a new shopping center which caters for the evening trade if you want to stay up later than elsewhere on the island.

St-Jean is not devoted only to hotel and restaurant business. There are a great many vacation homes on the slopes behind the beach, and they are often occupied all the all the year round.

And, as everywhere in the island, the real St Barth is hidden not far away. A hilly little road soon takes you to Salines. This route is one of the three roads which run right across the island (the others are the one over the Col de la Tourmente between St Jean and Gustavia and the road through Lorient), and has only recently been promoted from track to concrete road. It forms a link between the ''tourist way of life'' and the beautiful Salines beach which you reach in only a few minutes.

En avant pour la visite de l'île

Vous voici arrivés, encore étourdis par le numéro de voltige de l'arrivée, prenez le pot d'accueil au bar pour vous remettre et montez dans la « mini Moke » ou la « Gurgel » que vous avez retenue (le parc de location augmente de jour en jour, mais ne suit toujours pas la vitesse de la demande. Pensez donc à retenir avant votre arrivée). Pas de perte de temps en formalités, celles de police sont rapides, et celles de douane sont inconnues.

Filons ensemble sous les petits parasols à rayures et aux couleurs riantes qui seront votre uniforme de promeneur durant votre séjour à Saint-Barth, et enchaînons les plages une à une, en filant vers l'est. Dans le sens des aiguilles d'une montre, nous ferons le tour de l'île pour conclure sur la visite de Gustavia, la « capitale », et de ses vestiges suédois.

Le bar de l'Eden Rock, la place forte de St-Jean
Eden Rock bar - a focal point at St Jean !

Centre commercial « la Créole »
''La Créole'' shopping center

Lorient

Carrefour

Lorient, comme si les Normands que se croient les Saint-Barths voulaient faire croire qu'ils viennent aussi de Bretagne. Ce qui est vrai, mais sans relation avec le nom du quartier. Ce Lorient-là qui s'écrivait autrefois et parfois encore L'Orient, n'a rien à voir avec le pays de Breizh, ni avec les points cardinaux. C'est plutôt une déformation d'Orléans, car nous sommes ici au cœur de l'ancien Quartier d'Orléans dans le premier découpage administratif de l'île.

Par quelque côté de la route qu'on y aborde, Lorient s'arrange pour vous séduire. Personne ne résiste aux époustouflantes autant que plongeantes visions sur ses colliers de palmiers royaux et le liseré de son sable fin. Qu'on descende de Coupe-Gorge après Saint-Jean, ou de la raideur de Camaruche, en venant de Marigot, il est difficile de ne pas succomber à ces appâts. La plage attire les amateurs du surf académique.

Lorient est restée une des deux paroisses de l'île avec Gustavia. Ce n'est pas rien une paroisse pour ces vieux marins et terriens de Saint-Barths. Ça veut dire une église et son presbytère, une école aussi, et une bénédiction de la mer pour la fête des Marins le 29 août. Ça veut dire en plus deux cimetières, avec des noms suédois même. L'un d'eux, près de l'église, donne asile au repos éternel du gouverneur Johan Norderling, le rigoureux gestionnaire (1819-1928) qui supporta avec intelligence le revers des années adorées du port franc; il se tua à la retraite, d'une chute de cheval.

Une paroisse, c'est aussi beaucoup de traditions et beaucoup d'histoires. C'est un cœur, un nœud de communications, avec une poste et une station service, les seules en-dehors de Gustavia. Lorient respire de sa vocation de carrefour entre le pays pro-

CJ.

La nuit de la Toussaint — Halloween

Les flamboyants du petit cimetière de Lorient
Flamboyant trees in the little cemetery at Lorient

Lorient

Jolie plage de sable blanc de 630 mètres de long sur 15 de large. Des rouleaux. Planches « fun », surf.

A pretty stretch of white sand 690 yards long and 16 wide. Rollers. Fun boards and surf boards.

fond de Saline et de Grand-Fond, et le passage très fréquenté de Camaruche, vers les résidences de Marigot ou les hôtels de Saint-Jean. A Lorient, il y a un vrai carrefour, avec des jeunes et des vieux, qui s'arrêtent, discutent ou regardent un moment.

The Crossroads

The word "Lorient" has nothing to do with the town of the same name in Brittany, France. This Lorient — which was and which sometimes still is spelled "L'Orient" — has nothing to do with either Brittany or the orient. It is a deformation of "Orléans" : Lorient is in the heart of the old district called the Quartier d'Orléans.

Whichever way you approach it — down from Coupe Gorge after St Jean or from Marigot by way of Camaruche — you are sure to come under Lorient's spell as soon as you see the feathery heads of the royal palms and the fine ribbon of white sand. Surfers love the place.

Lorient has remained one of the two parishes of the island (the other is Gustavia). This means a lot to the old seafarers and farmers of St Barth. It means a church and a presbytery, a school, and the sea blessed on August 29th, the sailors' festival.

There are two graveyards in Lorient. Some of the tombs have Swedish names marked on them. In the graveyard near the church lies Johan Norderling, Governor of the island from 1819 to 1828. Norderling was an intelligent man and a good manager and handled the beginning of the decline of St Barth as a free port extremely well. He died falling from his horse (see pages on the Swedish period).

A parish also means lots of traditions and lots of stories. Lorient, with its post office and service station (the only ones outside Gustavia), is a center, lying on the way to the remote Saline and Grand Fond and also on the much-frequented road to Camaruche and the homes built in Marigot. There is a real crossroads at Lorient, where young and old stop and chat and watch for a while.

Marigot-Vitet

De Camaruche, une route escarpée part courageusement à l'assaut des pentes du Morne Vitet, tandis qu'une autre plonge vers l'Anse Marigot et le Grand-Cul-de-Sac. Sagement, la première contourne le massif par son versant nord. Ainsi, de creux en bosses de belles tailles, cette route offre sur la côte au vent des points de vue à couper le souffle. C'est aussi un cul-de-sac, comme la plupart des routes de l'île, mais il permet de voir de haut, l'impressionnante succession de l'Anse Marigot, avec l'irrascible Ile de la Tortue qui prend sans broncher des paquets d'écume blanche sur sa tranche orientale, le Grand et le Petit Cul-de-Sac.

Il n'y a pas, dans toute cette région, que l'enchantement de voir les choses de loin. C'est un itinéraire préservé pour la découverte des maisons intactes, en couleur, bois et pierres, qui se déguisent de fleurs vives. Rien d'étonnant à ce que l'artiste de l'île, Margot Ferra-Doniger, celle qui aime et peint les maisons, se soit arrêtée pour une quinzaine d'années par ici, sur l'Anse Marigot. Et de ces routes qui ressemblent à une exposition de

Marigot

Belle plage de pêcheurs de 300 mètres de long sur 10 de large. Cocotiers, mouillage, plongée sous-marine.

A fine fishermen's beach 330 yards long and a dozen yards wide. Palm trees, anchorage, diving.

Case "anticyclone" à Marigot
"anti-hurricane" cabin at Marigot

Les maisonnettes colorées de Vitet
Colourful houses at Vitet

Sur les chemins de la « montagne » Vitet
One of the trails on Vitet "mountain"

Maréchal

Jolie petite plage isolée. Sable blanc, coraux, pêche sous-marine, doublée par une plage d'hôtel de l'autre côté de la Pointe.

Small, remote and pretty. White sand, coral, underwater fishing. Private hotel beach on the other side of the point.

La Pointe Milou

Du vent, mais pas de vagues

Pas un chat à la fin des années soixante dans ce royaume du pélican et des têtes à l'anglais. Aux pieds de l'extrémité nord du quartier de Marigot, la côte, labourée par les assauts d'une mer parfois rageuse, aligne ses avancées rocheuses des pointes Milou, Lorient, Mangin, jusqu'à un îlot en forme de ponctuation et à l'inclinaison parfaite, l'Ile de la Tortue (pas le quartier général des flibustiers qui se trouve en Haïti).

Dans ce quartier en pleine expansion, que les commerces de Saint-Barth voient surgir avec appétit, les nouveaux habitants supportent bien les vents, mais n'aiment pas du tout les vagues. S'ils construisent, sur les pentes, à l'abri des talus, en se ménageant des points de vue parfaits sur la beauté du littoral, c'est qu'ils sont plus habitués aux tempêtes qui déferlent sur l'avenue Foch, voire sur le faubourg Saint-Honoré, qu'aux dévastations des cyclones tropicaux.

Peut-être un Sunset boulevard, mais en tout cas, un coin qui rappelle que si Saint-Barth affirme de jour en jour sa vocation touristique et résidentielle, l'île entend rester le fer de lance du voyage anti-routard.

Ferra, il n'y a pas que des maisons à voir : c'est de ce côté de l'île que se lève le soleil.

From Camaruche a brave, steep little road fights its way up the slopes of Morne Vitet, while another plunges down to Anse Marigot and Grand-Cul-de-Sac. The first road conveniently runs round the north side of the hill, giving breathtaking views of the windward side of the island. It is a dead end — like most of the roads on the island — but gives you a fine view of Anse Marigot, the breakers pounding the Ile de la Tortue, and then Grand-Cul-de-Sac and Petit-Cul-de-Sac.

You don't just get a good view of other parts of the island. You will also see brightly colored traditional houses in stone and wood, nestling in the vegetation. Margot Ferra-Doniger the painter lived in Anse de Marigot for years, and some of these little roads are just like one of her exhibitions.

Un cactus « tête-à-l'anglais » original sur la Pointe Milou
Turk's head cactus (or "Pope tree") at Pointe Milou.

Sur le cordon de sable de Grand Cul-de-Sac

Grand Cul-de-Sac

Belle plage de 400 mètres de long sur 15 de large protégée par une barrière de corail. Immense plan d'eau de faible profondeur. Cocotiers, planches à voile, plongée sous-marine.

A beautiful beach 440 yards long and 16 yards wide protected by a barrier reef. Very large area of shallow water. Coconut palms, sailboards, diving.

Winds but no waves

At the northern extremity of the Marigot district the coastline runs out into the sometimes heavy seas to form the three points : Milou, Lorient and Mangin, and then the Ile de la Tortue (nothing in common with Tortuga, the pirates' headquarters off the coast of Haïti).

In the 1960's there was nothing here but pelicans and Turk's head cacti, but now it is developing fast in a very select kind of way — much to the delight of the luxury trades in St Barth. Houses with magnificent views of the coast have been built in sheltered spots, since their owners are more used to the weather on Avenue Foch or Faubourg St Honoré than to tropical storms. The area is a reminder that St Barth is ready to welcome up-market visitors but doesn't want bums.

Grand Cul-de-sac

Nez au vent, pieds dans l'eau

Côté rivage, un étonnant paysage de mini-delta, plaisir rare dans cette île sans rivière. Etangs, madrépores et palétuviers en rangs serrés méritent une balade. Attention, la nature exige quelques précautions : le farouche mancenillier n'est jamais loin et vous guette de ses cruelles brûlures.

N'allez toutefois pas craindre dans cette région un retour trop brutal à la nature. Car ce côté de l'île est aussi celui d'un mixage de deux styles implantés de fraîche date. Au Grand-Cul-de-Sac, vous parcourrez à la fois un quartier d'hôtels de type Saint-Jean, tout en pouvant feuilleter les belles pages d'un bottin style Pointe-Milou. Trois hôtels et un restaurant avec toute leur logistique ont été posés sur la barre étroite qui sépare le Grand Etang de l'Anse du Grand-Cul-de-Sac proprement dit. C'est le grand pied bleu touristique pour les amoureux du « pied-dans-l'eau », surtout pour les adeptes de la planche à voile qui jouissent sur cette anse d'un remarquable plan d'eau.

J.P.R.

The beach at Grand Cul-de-Sac

Equipements touristiques luxueux à Grand Cul-de-Sac
Luxury tourist facilities at Grand Cul-de-Sac

La Toque Lyonnaise
is alongside the pool and beach terrace and provides some of the best cuisine in the West Indies.

La Toque Lyonnaise
is open to the sky and overlooks the floodlit swimming pool, just to have a romantic dinner. Come to visit us and have lunch in a beach restaurant « Le Lagon Bleu ».

Le Lagon Bleu

EL SERENO

BEACH RESTAURANT

La Toque Lyonnaise

RESTAURANT

**EL SERENO
BEACH HOTEL**

TEL. : 27.64.80

GRAND CUL-DE-SAC

*St Barths Beach Hôtel
Grand Cul de Sac.*

**Chambres climatisées - Réfrigérateurs
Terrasses sur la mer
Restaurant
Wind-surf
Tennis-piscine
Location de voiture
Snack directement sur la plage**

27.62.73

MARIGOT BAY CLUB

SEA FOOD
CREOLE AND
FRENCH
CUISINE

TROPICAL
DRINKS

SEA-FRONT RESTAURANT/HOTEL

Petit Cul-de-Sac

Jolie plage de pêcheurs de 300 mètres de long sur 20 de large protégée par une barrière de corail. Plongée sous-marine.

Pretty fishermen's beach 330 yards long and 20 yards wide protected by a barrier reef. Diving.

Head in the wind, feet in the water

Along the shore there is a curious landscape of miniature deltas — surprising and pleasant in this riverless island. The lagoons, coral and close-growing mangrove trees make a visit worthwhile. But beware of the manchineel tree and the painful burns it can cause !

Do not get the idea that this part of the island is going back to nature. Several hotels and restaurants have opened on the narrow strip of land between Grand Etang and Anse du Grand-Cul-de-Sac. It's a great place for lovers of the sea and for windsurfing fanatics.

Petit Cul-de-sac

Pour les explorateurs, enfiler le sentier qui naît dans les rochers au bout de la plage du Petit-Cul-de-Sac. Vous foulez bientôt une curiosité géologique, un blanc calcaire oolithique unique dans la caraïbe. Au loin, à la pointe nord des Petites Anses, les contrastes de roches, plans et arêtes composent le décor rare de ce coin désert. Mais en obliquant par le sentier vers le sud-est de la plage, on découvre, cachées dans la nature, les « grottes à sel », poches rocheuses, creusées dans le calcaire pour emmagasiner les stocks de sel.

Explorers can follow the path which starts in the rocks at the end of the beach at Petit Cul-de-Sac. You'll soon come to geological curiosity, a bed of oolitic limestone (a granular form of limestone) which is unique in the Caribbean. The view away off to the northern point of Les Petites Anses is one of contrasts of ribs and planes of rock. But if you angle off along the path to the southeast of the beach you will find "Grottes à Sel" (salt caves - see map) excavated in the rock for storing salt.

Les mêmes cases en période de sécheresse
The same houses during a drought

Entre les Grand et Petit Cul-de-Sac
Between Grand and Petit-Cul-de-Sac

Petit Cul-de-Sac

Grand-Fond

Pendant que nous y sommes, poussons jusqu'à la petite pente du quartier Toiny, et prenons le virage vers le plein sud de l'île, pour une virée dans les quelques arpents de désert (ou presque) en direction de Grand Fond. Au pied du plantureux Morne Vitet, courent les murs de piere. Ils poussent parmi les herbes couchées et tachetées de cabris, sur la pente qu'ils découpent de leurs alvéoles et qu'ils font ressembler à une carapace de tortue géante.

La mer n'invite pas ici à la baignade. Laissez les vagues grignoter tranquillement le roc et les galets. Pour une fois, profitez du plaisir, rare dans l'île, de ne toucher la mer qu'avec les yeux. En partant, n'oubliez pas que vous pourrez regarder tout ça de très haut, après le décollage pour le « continent » Guadeloupe ou pour Saint-Martin. C'est beau à voir et rassurant pour certains de penser à autre chose à l'heure du décollage sportif de Saint-Jean.

While you are here, you can carry on as far as the gentle slope of the Toiny district and take the bend towards the south of the island and have a look at the few acres of near-desert which lie towards Grand Fond. Drystone walls run up and down the lazy slopes of Morne Vitet and crisscross in the flattened, speckled grass, making the hill look like the shell of a giant tortoise.

Leave the sea to its job of peacefully munching pebbles and rock here. Profit from the rare pleasure on St Barth of looking at the sea without putting even your feet in it. And when you leave the island by plane for Guadeloupe or St Martin don't forget to look at all this from above. It'll take your mind off the acrobatics of take-off from St Jean !

Patate-bord-de-mer 'Sea potato'

AG   *Les murets de pierre de Grand-Fond - Drystone walls at Grand-Fond*

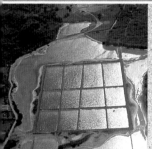

Grande Saline

Magnifique plage de sable blanc de 600 mètres de long sur 20 de large. Parfois, de gros rouleaux, baignade sportive. Requins au large. La pratique du naturisme est interdite sur toute l'île... en principe !

Magnificent stretch of white sand 650 yards long and 22 yards wide. Sometimes big rollers with « sporty » swimming. Sharks out to sea. Naturism is forbidden everywhere on the island... in theory !

Grande Saline

Sel et sable

Une route qui part du centre Commercial relie la baie de Saint-Jean à l'anse de la Grande Saline. Deux plages de première catégorie. Mais Saline oppose encore à la logistique hôtelière et à la morale des marchands de soleil de Saint-Jean les charmes du naturel qu'on aimerait ne jamais lui voir perdre. Un court chemin désert gravit la butte qui protège la tranquillité de cette plage dénudée mais très fréquentée.

Ce sable de vacances n'est que la frange agréable d'une plaine au passé rude qui s'étend au pied des rochers dentelés de cavités et des pentes couvertes de savane, entre les Mornes Lurin (192 m) et Grand Fond (274 m). On peut également y parvenir depuis le Morne Lutin, à travers une route empierrée, raide et escarpée que les voitures n'aiment pas toujours. Mais elle réserve un panorama sans égal sur les casiers de la saline morte et la chaîne « montagneuse » qui les domine à l'est. Après un demi-siècle d'activité, la Grande Saline n'est plus exploitée depuis une dizaine d'années.

Autrefois, la production de sel de Saint-Barthèlemy, depuis son ramassage jusqu'à sa livraison par bateau en Guadeloupe et en Martinique, fournissait du travail à plusieurs dizaines d'hommes qui se levaient avec le clair de lune. Bottés et gantés, ils arrachaient à la main les blocs de sel, entre 2 h et 8 h du matin pour échapper aux ardeurs de la saison sèche, époque de l'extraction. Le sel, pelleté ensuite et chargé sur les « gabarres », les canots plats de la saline, était stocké en pyramides blanches en attendant les navires. La Saline traversa les années, connaissant tour à tour l'époque des bourriquets chargés de paniers et l'ère des camionnettes qui descendaient directement le sel à Gustavia.

Il ne reste aujourd'hui de cette activité que des cartes postales, et surtout un beau et sauvage paysage, un peu lugubre, de cette grande flaque d'eau saumâtre où se promènent les oiseaux. Le canal qui amenait les flots salés est aujourd'hui ensablé, et les douze écluses des parcs d'évaporation ont cessé de distribuer, de casier en casier, l'eau de la marée qui amenait au cœur de la terre le sel de la mer.

Salt and Sand

A road which starts in the shopping district of St Jean bay runs across to Anse de Grande Saline, where there are two first-class beaches. So far Grande Saline has held out against hotels and sunshine salesmen. It still has the natural charm that we would like it to keep forever. A short track climbs over the hillock that safeguards the tranquillity to this out-of-the-way but much frequented beach.

This holiday sand is only the fringe of a plain which extends from Morne Lurin (630 feet) and Morne de Grand Fond (899 feet). It is also possible to get to Grande Saline from Morne Lurin along a steep, stony track that cars don't always appreciate. But there is a magnificent panorama of the old saltpans and the "mountain chain" to the east of them. After half a century of operation, the salt harvesting operations at Grande Saline were closed down some ten years ago.

Le chemin de la plage des Salines
The trail leading to Salines beach

Gouverneur

Jolie plage de Robinson de 300 mètres de long sur 15 de large en dehors des circuits routiers. Quelques rouleaux, plongée sous-marine.

A lovely Robinson Crusoe style beach 330 yards long and 15 wide away from the road system. A few rollers. Diving.

The Saint-Barthèlemy saltpans used to provide work for several dozen men who collected the salt and then delivered it to Martinique and Guadeloupe by boat. Wearing boots and gloves, they used to collect the salt by hand from 2 o'clock to 8 o'clock in the morning to avoid the heat of the day — the salt was collected during the dry season. The salt was then loaded on to "gabarres", flat-bottomed boats used in the saltpans, and stored in large piles before being loaded on to ships. The salt used to be taken to Gustavia by road — first by donkeys and then in small trucks.

All that is left of the salt industry are postcards and, above all, a beautiful, wild landscape of somewhat gloomy water full of birds. The canal which let the sea water in has silted up and the twelve gates that used to distribute the water to the various pans no longer operate.

Lurin

Pour s'extraire de Gustavia on peut, une fois n'est pas coutume, tourner le dos à la rade et viser le Morne Lurin. La route ancienne rue Thiers, démarre au fond du bassin, côté nord-est du quai, dans le prolongement de la rue du général de Gaulle. Avec la raideur d'un chemin de crête elle longe la sous-préfecture, belle demeure attenante au vieux clocher de Gustavia, mais qui cache sous ses allures débonnaires son passé de prison suédoise. Aujourd'hui ce n'est plus qu'un charmant bouquet de bougainvillier touffu, piquant et débraillé, qui monte une garde écarlate au pied des couleurs.

La route qui chemine dans le quartier de Lurin n'est pas une voie sans issue. Durant l'ascension, ou mieux, tout à l'heure, dans la descente du retour vers Gustavia, ne manquez pas les points de vue sur les deux faces de l'île, tantôt sur la baie et la piste de Saint-Jean, tantôt sur la rade, les forts Karl et Oscar, la mer et les cinq rochers de Gustavia. Pour l'instant, vous découvrirez peut-être là-haut, les bonnes tables auxquelles vous n'aviez pas encore songé, éloignées qu'elles sont de la principale voie touristique.

Les courageux engageront leurs véhicules, s'ils sont suffisamment robustes, sur la pente empierrée qui conduit à St-Jean avec un embranchement vers Saline. Malgré les apparences, ça passe ! et la vue sur le quartier de la Saline est, bien entendu, « imprenable ».

Leave Gustavia for once by turning your back to the harbor and aim for Morne Lurin. Go along Rue Thiers, which is the continuation of Rue Général de Gaulle. It climbs up past the fine old sub-prefecture building with scarlet bougainvilliers standing guard in front of it, and winds its way pleasantly towards the Lurin district.

On the way up, or better still on the way back down to Gustavia, don't miss the views of both sides of the islands : St Jean bay and the runway, then the harbor, forts Karl and Oscar and Gustavia's five rocks.

At the top there are some good restaurants that you might otherwise have missed since they are off the beaten track. There is a stony track from Lurin to St Jean. The more daring can take their cars along it (if tough enough !). There is also a turning to Saline. It looks impossible but you can in fact get through and it gives you a fine view of the Saline district.

Gouverneur

La plage aux trésors

Mais le but le plus fréquent de cette ascension du morne Lurin, outre sa collection de vues panoramiques, est de vous mettre sur le chemin de l'Anse du Gouverneur, une plage, à l'égal de Saline ou de Colombier. Plongez sur votre droite, juste avant le dernier restaurant, dans une descente que rien n'indique. Ne craignez pas les cahots du raidillon encombré de rochers, premier tronçon d'une route absente des cartes, et encore en poin-

Petite Anse de Galet

Jolie plage de 180 mètres de long sur 40 de large à proximité de Gustavia, Pélicans, sable blanc et tas de coquillages.

A pretty beach near Gustavia 200 yards long and 45 yards long. Pelicans, white sand and heaps of seashells.

A proximité de la plage, le vieux clocher du Presbytère
The old bell tower near the beach

tillé sur le terrain. Une dégringolade de 1 500 m jusqu'au sable fin de Gouverneur vous laisse le temps d'apercevoir au loin les pointes de Nevis et de Saba, avec leurs têtes parfois dans les nuages.

Ce côté-ci de l'île est un jardin secret et sauvage au charme duquel vous n'êtes pas les premiers à succomber.

Dans cette crique qu'ils affectionnaient les flibustiers aimaient à se reposer de leurs courses et songeaient parfois à l'avenir. On dit que c'est dans ce secteur qu'ils enterraient leurs butins. Vers la Grande-Pointe, sur votre droite, une grotte porte le nom redoutable de Monbars. Le cruel pirate français se serait laissé gagner au charme de Saint-Barthélemy au point de lui confier, sinon ses secrets, du moins ses trésors.

Mais Monbars a disparu dans une tempête, et de ses trésors jamais personne n'a plus entendu parler. Il est vrai qu'aujourd'hui, et à St-Barth comme ailleurs, on tente plutôt fortune sur la grille du loto national qu'en retournant le sol à la recherche des cassettes enfouies.

Treasure beach

However, the most common reason for climbing Morne Lurin is to get to the beach at Anse du Gouverneur, which is as good as that of Salines or Colombier. Take an unsignposted road on the right just before the last restaurant and go straight down. The road isn't on the maps ; in fact, it is hardly a road at all. After nearly a mile, you get to the beautiful sand of Gouverneur beach. Don't miss views of St Kitts, St Eustatius and Saba in the distance.

This side of the island is a wild, secret garden and you won't be the first to fall under its spell. The cove was a favorite buccaneer's haunt, and it is said that they buried treasure in the area.

There is a cave named after the fearsome Monbars on your right towards Grande Pointe (marked "Grottes Monbars" on the map), and he is supposed to have left his treasure there.

Monbars disappeared in a storm and neither he nor his gold were ever heard of again. Nowadays, the locals prefer to try their luck at the national lottery rather than search for buried treasure.

Les Islettes

Corossol

Pour suivre la tradition

On le savait depuis le début, mais à Corossol, on y assiste aux premières loges : les St-Barths sont de tenaces conservateurs. Le quartier, séparé de Gustavia par la petite zone industrielle de Public, cultive plus encore que partout ailleurs, des traditions issues en droite ligne de la terre des ancêtres. A Corossol, on ne se contente pas de rencontrer les Français d'Amérique, à l'entrée du gros bourg, on pénètre dans le pays de France.

Tendez bien l'oreille. Ici, on parle un patois vieux-français, une langue qui se balade à travers les siècles, de la Normandie à Corossol, Colombier, Flamand, Anse des Cayes.

Il faut descendre la rue vers le bord de mer, entre les maisons serrées où sèchent les pailles à tresser et où pendent les hamacs. En début d'après-midi rentrent de la pêche les marins saintois qui se donnent des origines bretonnes, mais vivent depuis des années en bon voisinage avec ces St-Barths qui se disent pourtant Normands.

Saluez dans la rue les vieilles en calèches blanches, toutes tuyautées. Vous les surprendrez devant chez elles, ou dans les boutiques, ou encore, mais cette fois en force, pour la fête du quartier, le 25 août, jour de la Saint-Louis.

Tradition conservée aussi que le port de cette coiffe originale, protégeant des baisers audacieux les jeunes filles de Saintonge. Aujourd'hui, loin de détourner l'ardeur des étrangers, ce costume typique attire, plutôt qu'il ne rebute, les photographes cordialement détestés par les vieilles, qui se transforment à leur approche en stars irritables et fuyantes. Les mêmes sauront pourtant accompagner de sourires l'arrivée des touristes à qui elles proposent leurs travaux de vannerie. Corossol n'a pas le monopole de cet artisanat traditionnel, mais en est devenu la vitrine. Au fond, il semble en aller de bien des coutumes comme de celle-ci. La rigueur des traditions, qui affleurent toujours sur ce coin du rocher, aide à mieux sentir la règle de cette vie en famille toujours présente dans l'île, même si on ne la voit pas partout aussi clairement. Sur ce point, le voyage à Corossol n'est pas une équipée folklorique, mais un séjour tout à fait instructif.

Mouillage à Public - Moorings at Public

Parmi les sépultures suédoises
Swedish graves

Corossol

Jolie plage de sable jaune de 150 mètres de long sur 10 de large au pied du village. Retour de pêche, artisanat traditionnel.

Pretty beach with yellow sand 165 yards long and 10 yards wide at the foot of the village. Fishing boats come in here. Local crafts.

Tradition

The St Barth islanders are strongly conservative : we knew this from the start but in Corossol you have a ringside seat ! The district is separated from Gustavia by the small industrial zone called Public. In Corossol more than anywhere else you'll meet traditions which come directly from 17th century France.

In fact, here you not only meet the French of America but you even seem to enter France itself. The locals speak an old patois which originally came from Normandy and which is still in use in Corossol, Colombier, Flamand and Anse des Cayes. Go down the street to the shore between the tightly packed houses with braiding straw and hammocks hanging outside. The fishermen from Les Saintes start landing in the early afternoon.

They claim Breton ancestry but they have had good, neighborly relations with the "Norman" St Barth islanders for many years.

You will see old women in the shops and in the streets wearing their white bonnets, the "calèche" — particularly on August 25th which is St-Louis' day, the local festival. Tradition has it that this rather special headgear was first worn the girls of Saintonge to protect themselves from daring kisses. Today, they are not worn

to keep strangers away. The old ladies of Corossol thoroughly dislike photographers but smile at passing tourists and offer their home-made baskets for sale. Corossol is not the only place where straw work is carried out but it has become the showplace for this traditional handicraft.

There are plenty of traditions like this on the island. It seems a feature of the family style life on the island even if you sometimes only get a glimpse of what is going on. A visit to Corossol will give you more than just a view of the quaint and curious — you will get an insight into the way the islanders live.

« Mariage à la campagne », une carte postale de Corossol envoyée vers la métropole en 1906.
"Country wedding", a postcard depicting a scene in Corossol sent to France in 1906.

Colombier

Une plage mille étoiles

Le quartier de Colombier a toujours été un centre actif de la vie locale prouvé par l'existence d'une école professionnelle et d'une chapelle. Mais sa renommée est venue, ces dernières années, par la mer.

C'est l'extrême nord-ouest de l'île. Une sorte de refuge comme la Bretagne au bout du nez de l'hexagone, mais encore plus solidement protégé du reste du continent par la barrière des traditions de Corossol, l'épaisseur des lataniers de Flamands, et une route qui s'arrête bien avant d'arriver au rivage.

C'est tout au bout de ce retranchement, face à l'île de la Pointe Petit-Jean, que le milliardaire Rockefeller a élu un de ses domiciles. Un lieu où l'on accède par la mer, par l'Anse Colombier et sa plage aux mille étoiles de mer. Si vous ne les rencontrez pas toutes le même jour, vous pourrez du moins, la nuit, compter celles du ciel, allongé le nez en l'air, sur le pont de votre bateau. Car Colombier est l'un des mouillages les plus séduisants de St-Barth.

Sachez quand même qu'on peut gagner cette plage immense, aussi depuis la terre. Mais ce sentier de bourriquets, semé de cactus-cierges et de têtes-à-l'anglais, découragera d'avance les « va-nu-pieds » de la promenade.

A 1000-star beach !

The Colombier district has always had an active local life demonstrated by the existence of a technical college and a chapel. However in latter years its fame has come from the sea.

It is the extreme north-west part of the island. It forms a kind of refuge, rather like Brittany in France, but more emphatically separated from the rest of the island by the traditions of Corossol, the thickness of the belt of Lataniers and a road that stops well before it reaches the shore.

Rockefeller, the millionaire, has a house opposite Petit-Jean Point, right at the end of this hideaway. You get there from Anse Colombier and its 1000-starfish beach. Even if you do not meet all 1000 starfish at once you can lie on the deck of your boat and count the stars in the sky, for Colombier has some of the most beautiful moorings in St Barth.

It is, in fact, possible to reach this immense beach from the landward side, but the donkey path is overgrown with torch cactus and "tête à l'anglais" and will discourage the barefoot outing brigade.

Les fonds de Colombier, un paradis pour les plongeurs en apnée
Underwater scene at Colombier : a paradise for snorkelers   Fr B

Colombier

Magnifique plage isolée de sable blanc de 500 mètres de long sur 15 de large. Accès difficile, 20 minutes de marche parmi les cactus. Mouillage, plongée sous-marine.

Magnificent isolated beach of white sand 550 yards long and 15 wide. Access difficult : 20-minute walk through cacti. Anchorage. Diving.

*Sous les cactus cierges
Beneath the torch cacti*

*Roches calcinées par le soleil et épineux au-dessus de l'Anse Paschal
Sunburned rocks and prickly plants above Paschal Cove*

Flamands

Les vieux quartiers

C'est pour sûr dans ces parages que se fixa l'un des premiers groupes de colons débarqués à St-Barth. L'ancien découpage administratif de l'île signalait d'ailleurs un quartier d'Orléans, de l'autre côté de la baie de Saint-Jean, et un quartier du Roi de ce côté-ci.

La route que vous prendrez, dominant l'aéroport, se sépare. Tandis qu'une branche descend vers l'Anse des Cayes et l'Anse à Galets, l'autre poursuit sur Flamands et Petite Anse.

Les 600 m de sable extra-fin de l'Anse des Flamands ont attiré les équipements hôteliers jusqu'à la Petite-Anse, mais toute la zone comprise entre l'Anse des Cayes et l'Anse Colombier n'est pas pour autant désertée par les authentiques St-Barths. Les maisons typiques et colorées, ou leurs plus modernes villas, se serrent entre les touffes de la « forêt » de lataniers ou les espaces de « bananeraies ». Les mots ne doivent pourtant pas faire illusion. On parle à l'échelle de l'île où le moindre bosquet prend de la démesure.

The old quarters

The layout of the old administrative quarters of the island probably shows where the first settlers lived. There was à ''Quartier d'Orléans'' on one side of St Jean Bay and a ''Quartier du Roi'' on the other.

The road which runs north above the airport forks ; the right fork goes down to Anse des Cayes and Anse à Galets, and the left fork goes to Flamands and Petite Anse.

The 600 yards of ''extra-fine'' sand at Anse des Flamands has attracted hotels all the way to Petite Anse, but the other parts of the coastline between Anse des Cayes and Anse Colombier are by no means shunned by the authentic islanders. Typical brightly-colored local houses and modern villas nestle in a ''forest'' (St Barth scale !) of latanier palms or stand among banana trees.

Flamands

Somptueuse plage de sable blanc de 600 mètres de long sur 25 de large. Forêt de lataniers, souvent de gros rouleaux, sports nautiques.

Sumptuously beautiful beach of white sand 650 yards long and 30 yards wide. Forest of latanier palms. There are often big rollers ; watersports.

Anse des Cayes

La **Grand Moutangne** qui sépare l'Anse des Cayes de l'Anse des Flamands, n'est autre qu'un orgueilleux pic de 160 m. Non content de cette emphase, cette montagne pousse la vanité jusqu'à se faire passer, sur cette terre volcanique, pour l'ancien volcan en personne. Mais aucun avis autorisé ne semble s'être prononcé clairement sur la légende de son introuvable cratère. Comme il ne faut jurer de rien, profitez de son sommeil — sans doute éternel — pour escalader la pente de savane, taillis et cactées. La balade prend son départ de la route, au lieu-dit Merlette. Vous gagnerez, avec l'altitude, une vision de ces quartiers aussi tourmentés que peuplés. Placez-vous de façon à voir du sommet, couché à vos pieds, au bout de la Pointe-à-Etages, l'îlet Chevreau ou Bonhomme. Au-delà, vers l'Ouest, surgissent les dents de l'île Fourchue, un trident élevé comme une barrière devant Saint-Martin. Sur votre gauche, vous voyez le sable de l'Anse des Flamands, et à votre droite la crique des Galets. Plus loin vers l'est, les strates de la Pointe Milou. Dans votre dos moutonnent les mornes de Corossol et de Colombier habités jusque sur leurs sommets.

The **Grand Moutangne** separating Anse des Cayes from Anse des Flamands is nothing more than a hill some 500 feet high. It used to be believed that it was **the** original volcano of St Barth, but there has never been any official scientific confirmation of this. But you can climb to the top — start at a place on the road called ''Merlette''. There is a good view of these populous districts as you climb higher. When you get to the top, turn towards the islet called ''Chevreau'' or ''Bonhomme'' beyond Point-à-Etages. Away to the west you can see the points of Ile Fourchue sticking up like a trident as if forming a barrier in the direction of St Martin. On your left you'll see the fine Anse des Flamands beach and on the left the smaller Galets cove. Pointe Milou is visible to the east, and if you turn right round you can see the ''mornes'' (hills) of Corossol and Colombier with houses right up to their summits.

Anse des Cayes

Mince plage de sable et de rochers sur 500 mètres de long et 5 de large. Coraux, baignade au sud de la baie, pélicans, plongée sous-marine.

Narrow beach of sand and rocks 550 yards long and 5 yards wide. Coral, swimming in the south of the bay, pelicans, diving.

La ville de Gustavia,

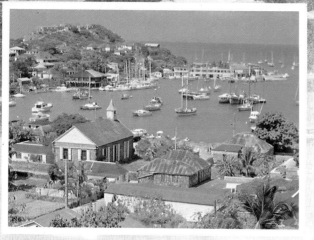

Le siècle suédois fut plus qu'un éveil pour la petite île et les Saint Barths, même isolés dans leurs quartiers et leurs campagne, en tirèrent profit. Tout se passa cependant à la ville lorsque le petit port de carénage de Saint Barthélemy s'ouvrit en port franc et fut rebaptisé Gustavia par l'administration suédoise en l'honneur de son souverain Gustav Adolf III "despote éclairé". Sa jolie rade attira tout le trafic de la Caraïbe. La ville, protégée par 4 forts et une garnison de 260 hommes comptait, en 1806, 150 maisons de commerce, d'artisanat et d'affaires, sans compter les habitations alignées de ses rues pavées. Gustavia était devenue en quelques années un vrai port avec un débit de boisson pour 200 habitants. 7 charpentiers de marine travaillaient sans relâche pour des bâtiments dont plusieurs milliers se présentaient chaque année dans la baie.

En 1800, époque où le graveur Cordier dessina cette magnifique vue de Gustavia, la population de l'île totalise près de 6 000 âmes, soit le double de la population actuelle (3 050 habitants dont à peine 500 pour la ville de Gustavia selon le recensement de mars 1982).

L'ambiance de l'époque est bien traduite sur cette gravure : le

hier et aujourd'hui

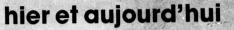

drapeau suédois flotte avec fierté sur le fort Gustave qui domine la ville et indique avec orgueil les nombreux vaisseaux encombrant la rade comme pour bien montrer la prospérité que connait l'île sous ses couleurs. Aujourd'hui, il est vrai, les navires marchands ont abandonné la rade aux plaisanciers, les temps ont changé, les facteurs économiques aussi.

L'église tout en bois, présente au premier plan à droite, fut détruite par un des nombreux cyclones dévastateurs que connut Saint-Barth au XIXᵉ siècle (le plus terrible détruisit en 1837 plus de 200 maisons). Sur cet emplacement se dresse encore maintenant le vieux clocher suédois, plus résistant aux bourrasques car fait de pierres aux deux tiers.

On dit qu'un malheur ne vient jamais seul et c'est bien le cas pour Saint Barth, tout le long du XIXᵉ siècle l'île eut à subir catastrophe sur catastrophe : après les cyclones vinrent ensuite des pluies torrentielles, puis des périodes de grande sécheresse, en 1840 une grave épidémie fit plus de 300 morts et pour clore le tout, un incendie dévasta la plus grande partie de Gustavia en 1850. On peut encore voir les fondations des maisons brûlées sur la colline au nord du fort Carl, rues de la Colline, Jean Bart

Les souvenirs de la Suèd
Souvenirs of Sweden

et Schoelcher.

On peut encore noter sur cette gravure l'absence de l'église anglicane, (elle ne fut construite qu'en 1851 par la famille Dinzey) ainsi que celle de l'église catholique actuelle bâtie à la même époque. La première église catholique de Gustavia ne fut construite qu'en 1829 et fut détruite en 1837 par un cyclone en faisant quarante victimes.

De cette époque prospère du début du XIXe siècle il ne reste, en fait que peu de chose à Gustavia :
— plusieurs citernes en brique et en chaux, aujourd'hui à ciel ouvert, que les lentilles d'eau recouvrent d'un voile vert clair,
— des soubassements de maison et des cheminées en pierre incorporées aux tuiles de bois caractéristiques des maisons Saint-Barths,
— la mairie actuelle,
— la sous-préfecture et le clocher de l'ancienne église dominant la ville près de la route menant à Lurin,
— Wall House, le futur « musée » - Centre culturel de Saint-Barthélemy,
— plusieurs belles demeures suédoises au fond de la rade. Une est en briques rouges et une autre en bois, reconvertie en restaurant,
— et naturellement les sites plus ou moins conservés des forts Karl, Oscar et Gustave.

The "Swedish century" was quite an awakening for the little island, and all the inhabitants — even those living in remote neighborhoods — profited from it. However, the town was the first place to feel the change when is was declared a free port ; its name was then changed to Gustavia in honour of Sweden's Gustav Adolf III, an "enlightened despot". Gustavia's pretty harbour attracted a great deal of business in the Caribbean. In 1806, the town boasted 150 trading, craft and business establishments along its paved streets, and was protected by 4 forts and a garrison of 260 men. In just a few years Gustavia became a real port with a bar for every 200 inhabitants ! Several thousand ships put in each year and the 7 local shipwrights had plenty of work.

In 1800, when the engraver Cordier drew the magnificent view of Gustavia in the illustration, the population of the island was nearly 6000. This is double the present population (3050 inhabitants, of whom only 500 live in Gustavia according to the 1982 census. The illustration gives a good impression of the atmosphere of the period. The Swedish flag flies proudly over Fort Gustave above the town and seems to point to the harbour to show the prosperity that the crowd of ships was bringing to the island. Today, these merchantmen have been replaced by pleasure boats. Times have changed and so has the economic situation.

The wooden church in the foreground on the right was destroyed by one of the many devastating hurricanes that hit St Barth in the 19th century (the worst one of them all blew down 200 houses in 1837). The old Swedish belfry is still standing today.

Bror Ludwig Ulrich, le dernier gouverneur suédois à St-Barth - Bror Ludwig Ulrich, the last Swedish Governor of St Barth.
Au-dessus des pavés de la rue du roi Oscar II, la famille et les « gens de maison » du gouverneur posent au balcon de la résidence - The governor, family and household staff pose on the balcony of the residence above the cobblestones of rue du roi Oscar II.

L'actuelle mairie-bureau de tourisme-poste de police

Le séjour intérieur de la résidence, aquarelle de Sigrid Ulrich.

It was built in stone to two-thirds of its height and stood up better to high winds.

St Barth had a long run of bad luck in the 19th century : the hurricanes were followed by torrential rain and then long periods of drought. Then a serious epidemic caused over 300 deaths in 1840 and finally most of Gustavia burned down in 1850.

You can still see the foundations of houses destroyed in this fire on the hill north of Fort Karl in rue de la Colline, rue Jean Bart and rue Schoelcher.

If you look carefully at Cordier's engraving you'll see that the anglican church is missing. This was built by the Dinzey family in 1851. The present Roman catholic church was built at the same period. Gustavia's first Roman catholic church was built in 1829 and then destroyed by the 1837 hurricane which took forty lives.

Not much remains in Gustavia of the prosperous period at the beginning of the 19th century. The list is as follows :
— several rendered brick cisterns which are now in the open air and full of greenish water ;
— stone basements and chimneys integrated with the shingles typical of houses in St Barth ;
— the present town hall ("mairie") ;
— the sub-prefecture and the old belfry which overlooks the town near the road to Lurin ;
— Wall House, St Barth's future "museum and cultural center" ;
— several fine old Swedish house at the end of the harbor ; one of these is in red brick and another — converted into a restaurant — is wooden ;
— and, of course, the sites of forts Karl, Oscar and Gustave, in various states of preservation.

La porte-cadran solaire du clocher.
The sundial-door of the belltower.

AG

La mairie

Le bâtiment de la mairie abrite au rez-de-chaussée, rue Nyman, l'Hôtel de police, le bureau de l'office du tourisme et la bibliothèque municipale.

Si la vie de l'île donne rarement l'occasion de troubler la quiétude du premier de ces bureaux, la deuxième porte, elle, s'ouvre à longueur de journée sur une effervescence aux accents français et américains.

Une multitude de dépliants, feuillets publicitaires, plans et guides touristiques sur Saint-Barth sont ici à la disposition des touristes désireux d'organiser leur séjour. De plus, Mlle Elise Magras, la toujours souriante responsable de l'office du tourisme, offre aux questions des plus curieux sa connaissance quasi encyclopédique de l'île.

Sur le côté de l'édifice, dans le prolongement de la rue Couturier deux escaliers en bois, plantés face à face, mènent aux entrées de la mairie qui occupe tout l'étage.

La grande salle de réception, aux plafonds à pans, fut d'abord la demeure du juge sous le régime suédois avant de devenir l'hôtel du gouverneur jusqu'à la rétrocession. Sigrid Ulrich, la fille du dernier gouverneur : Bror Ludwig Ulrich, avait de réels dons artistiques. Elle réalisa avec une extrême sensibilité de nombreuses aquarelles représentant différents aspects de l'île : la végétation, les sites, les églises, les quartiers de Gustavia, mais aussi et surtout plusieurs vues intérieures de la résidence familiale. Les deux grands fauteuils ouvragés en rotin, la jolie nappe de dentelle et les petits canapés sans doute confortables, ne démontrent pas un luxe exagéré pour un gouverneur et sa famille, mais la grande précision du dessin et l'amour avec lequel elle peignit son décor de tous les jours traduisent bien le bonheur d'une vie paisible passée sous la tiédeur des tropiques. Aujourd'hui cette salle très spacieuse est meublée de façon différente pour les besoins du conseil municipal, mais garde toujours un certain charme désuet et colonial. Plusieurs objets, documents et images d'intérêt très variable y sont exposés. Lire surtout dans le couloir la proclamation de rétrocession de l'île à la France en 1878, et en face, le plan de la ville au XIXᵉ siècle.

The town hall

The ground floor of the town hall (La Mairie) houses the police station, the Tourist Bureau and the public library (entries in rue Nyman).

Although there is rarely anything in the life of the island to disturb the first of these places, the second office hums all day with the sound of French and American voices. The Tourist Bureau (Office du Tourisme) has a large stock of leaflets, brochures and tourist maps and guides concerning St Barth to help tourists organize their stay. In addition, Mademoiselle Elise Magras is ready to use her vast knowledge of the island to answer questions with unfailing good humor.

Round the corner, in the end of rue Couturier, two wooden staircases lead to the municipal offices which occupy the whole of the upper floor.

The large reception room, with a ceiling that follows the hipped roof, was first of all the judge's residence under Swedish rule. It then became the governor's residence until the island was returned to France. Sigrid Ulrich, daughter of Bror Ludwig Ulrich, the last Swedish governer of St Barthèlemy, had artistic gifts and painted many fine watercolors of various aspects of the island : vegetation, picturesque places, churches, parts of Gustavia and above all, several renderings of the inside of the governor's residence. The large cane armchairs, the pretty lace tablecloth and the small sofas — which were no doubt very comfortable — reveal no exaggerated luxury for the governor and his family, but the extremely accurate drawing and the love with which the everyday scene is rendered reveal the happiness of a peaceful existence in the warmth of the tropics. Today this large room is used by the municipal corporation and is therefore furnished differently. However, it still retains an oldfashioned, colonial charm. A number of objects, documents and pictures of varying interest are on display. Don't miss the proclamation of the return of the island to France in 1878 ; this is hanging in the corridor opposite a plan of the town in the 19th century.

Le vieux clocher suédois

Les Suédois l'appelaient « the Swedish Belfry » ou « Beffroi suédois », c'est le campanile d'une très ancienne église démolie par un cyclone, seul le clocher, aux deux tiers en pierre, sut résister aux éléments déchaînés des automnes suédois. Les maçons suédois de l'époque savaient empiler avec régularité les cubes de « firestone », cette pierre très solide importée des îles voisines, pour bâtir des murets, des maisons, des citernes et des clochers capables de défier les siècles.

L'horloge continue à marquer le temps, du haut de sa tour massive, indifférente aux siècles comme aux changements de régimes. Aujourd'hui comme autrefois, la cloche au merveilleux son argentin clame la joie sur la ville, les 14 juillet, 11 novembre et lors de la fête patronale des marins le 24 août, jour de Saint-Barthèlemy. Elle sonnait également le glas à la mort de chaque habitant de Gustavia né pendant l'occupation suédoise. Avant que le clocher ne soit muni d'une horloge, les enfants de la ville avaient la charge d'aller sonner le lever du soleil à 6 h du matin et son coucher à 20 h, l'heure où les esclaves de jadis partaient près de la plage de Petite Anse de Galet jeter les pots de chambre des maîtres dans un tourbillon aspirant de la mer appelé « suck hole », ou « trou qui aspire ». Depuis les années 1930 une horloge a remplacé la corvée des enfants et sonne régulièrement l'heure sur la vieille cloche toujours fidèle depuis 1799, date à laquelle elle fut fondue à Stockholm. L'horloge et son mécanisme ont eux-mêmes toute une histoire.

En mai 1915 de nombreux jeunes Saint-Barths partirent pour le front en métropole afin de défendre leur lointaine patrie. Plusieurs n'en revinrent pas en 1918. Aussi, l'Allemagne vaincue du Kaiser Guillaume II fut payer des « dettes de guerre » et envoya à cet effet deux horloges à Saint-Barthélemy : l'une destinée à Gustavia, l'autre à Lorient. Cette dernière fut renvoyée en Guadeloupe car le conseil municipal déclara que la commune était trop pauvre pour financer la construction d'une tour à Lorient. Elle ne fut pas perdue pour tout le monde puisqu'elle marque encore l'heure au marché de Basse-Terre, en Guadeloupe. Le conseil discuta ensuite du sort de l'horloge destinée à Gustavia, et plutôt que d'ériger une nouvelle et coûteuse tour, il fut décidé de l'installer dans le vieux clocher suédois. Un spécialiste, M. Scanner, vint de Guadeloupe surveiller l'installation du mécanisme mais hélas, lors d'un transport, le beau cadran allemand et sa vitre se brisèrent. Pour les remplacer, les Saint-Barths employèrent le bon vieux système D bien français et confection-

nèrent un nouveau cadran avec une feuille de tôle et un peu de peinture. Les deux aiguilles allemandes récupérées firent aussi l'affaire.

Le vieux clocher de Gustavia est donc plus « cosmopolite » que « suédois » : cloche et bâtisse suédoise, mécanisme allemand et cadran français, à cela il faut ajouter... porte américaine.

En effet, c'est au pinceau d'une américaine que l'on doit la moitié blanche de cette porte divisée en diagonale. Margot Ferra Doniger, peintre célèbre et respectée des petites maisons Saint-Barths résida de nombreuses années à Vitet. Dans un éclair artistique lumineux, elle vit un cadran solaire se dessiner sur la porte dans l'ombre créée par le mur penché du clocher. Elle décida de matérialiser cette nouvelle façon de lire l'heure sur le clocher en éclairant la partie ombragée de la porte avec une peinture blanche. La question reste posée en guise d'expérience de lecture : quelle heure était-il lorsque Margot prit ses pinceaux ?

La sous-préfecture

to hold the clock in Lorient (the clock was not wasted however : it still shows the time at the market at Basse-Terre in Guadeloupe).

The council then discussed what to do with the clock destined for Gustavia and decided that rather than building a costly new tower they would have the clock installed in the old Swedish belfry. A specialist from Guadeloupe called Monsieur Sanner came to supervise the work of installing it. Unfortunately, the fine German clock face and its glass broke during transportation. They are pretty good with their hands in St Barth and they soon made a new face out of a sheet of metal and a bit of paint. The original German hands were recuperated and used. Gustavia's old belfry is thus more "cosmopolitan" than "Swedish" now : Swedish bell and building, German clock mechanism, French clock face : and to this must be added the American door !

In fact the white half of this door (running diagonally) is the work of Margot Ferra Doniger, a well known and respected painter of the little houses of St Barth, who lived in Vitet for many years. In a flash of artistic vision she saw a sundial formed on the door by the shadow created by the sloping wall of the belfry.

AG

The old Swedish belfry

The Swedish belfry is the tower of a very old church blown down by a hurricane. The belfry has survived the violent winds of many tropical autumns since over half of it is in stone masonry. The Swedish masons of the period used blocks of strong "firestone" imported from neighboring islands to build walls, houses, cisterns and belfries that would last for centuries.

The massive tower still does its job of telling the time, unperturbed by changing governments or new centuries. The delightful silvery sound of the bell is still part of the town's celebrations on July 14th (Bastille Day), November 11th (Armistice Day), and the sailors' festival on St Bartholomew's day (August 24th). The bell also tolled at the death of every inhabitant of Gustavia who had been born under Swedish rule. Before the clock was mounted on the tower, the children of Gustavia had the job of ringing the bell at sunrise (6 a.m.) and at sunset (8 p.m.) at which time the slaves used to go to a place near Petit Anse de Galet beach to empty their masters' chamberpots into a whirlpool in the sea which was known under the English name of "suck hole". The clock was installed in the 1930's and sounds the hour on the old bell which has given faithful service since 1799 when it was cast in Stockholm. But things tend to have stories in St Barth and the clock is no exception.

In May 1915 many young men from St Barth went off to the front in France to defend their far-off motherland. Some of them did not come back in 1918. Kaiser Wilhem's beaten Germany had to pay reparations and so sent two clocks to St Barthèlemy : one for Gustavia and the other for Lorient. The latter was sent back to Guadeloupe since the municipal corporation declared that the commune was too poor to finance the construction of a tower

Le Brigantin

She decided to institutionalize this new way of telling the time with the belfry by painting the shaded part of the door with white paint. One question remains : what time was it when Margot picked up her brush ?

La sous-préfecture

A quelques mètres de là, dominant le clocher et la rade tout entière, se dresse une bâtisse imposante et carrée faite des mêmes matériaux : pierre de taille à la suédoise pour les murs et les tôles ondulées pour le toit à quatre pans. C'est la sous-préfecture de Saint-Barthèlemy. Aussi, pour bien montrer la reprise de possession de l'île par la France, le drapeau tricolore flotte en permanence sur ce site typiquement suédois. Avant d'accueillir l'administration française dans ses murs, la bâtisse fut prison de Gustavia dans ses soubassements, puis école communale.

Le site sous-préfecture-vieux clocher est accessible par la rue Thiers qui grimpe vers Lurin ou par la rue de l'Eglise au bout

de laquelle des marches noyées sous les herbes folles vous mènent au clocher. Les abords de la sous-préfecture ont été récemment aménagés : les roches sont nettoyées des épineux et des plantes indésirables, des fleurs et des cactus tropicaux ont été plantés de façon harmonieuse et de jolies petites barrières illuminent les bâtiments de leur blancheur aux heures chaudes de la journée. C'est un réel plaisir de s'asseoir sur un des bancs qui ont été plantés face au grand escalier de la sous-préfecture, surtout après avoir gravi à pied et sous le soleil les trente mètres de dénivellation de la rue Thiers, le panorama sur la rade est superbe et l'endroit est calme et reposant. Le splendide bougainvillier écarlate qui ombrage l'escalier offre en prime aux visiteurs le spectacle des ballets bourdonnants de ses « foufous » (oiseaux-mouches) vifs et brillants comme de petits éclairs, de ses « von von » (bourdons) et de ses papillons multicolores.

The sub-prefecture

A few yards away, overlooking the belfry and the whole of the harbor, there is an impressive square building made of the same materials : Swedish dressed stone walls and a hipped corrugated iron roof. This is St Barthèlemy's sub-prefecture. The French tricolor flies at all times on this typically Swedish building in order to show that the French have well and truly taken the island over again. The building used to house the jail and then the school before being turned into administrative offices.

You can get to the sub-prefecture and the old belfry by taking rue Thiers which climbs towards Lurin, or by going to the end of rue de l'Eglise and then climbing the overgrown steps to the belfry. The surroundings of the sub-prefecture have recently been renovated : the weeds were cleared from the rocks, flowers and

Au coin des rues Gambetta et Courbet

1 · Pointe des Châteaux · PETRELLUZZI TRAVEL AGENCY

2 · Grande Terre · PETRELLUZZI TRAVEL AGENCY

3 · La Soufrière · PETRELLUZZI

4 · Les Chutes du Carbet · PETRELLUZZI TRAVEL AGENCY

5 · Les Saintes · PETRELLUZZI

6 · Saint-Barthélemy · PETRELLUZZI TRAVEL AGENCY

7 · La Dominique · PETRELLUZZI

8 · Pigeon · PETRELLUZZI TRAVEL AGENCY

*Extra les circuits
Pétrelluzzi …
Des vrais tours
à collectionner !*

9 · Marie-Galante · PETRELLUZZI TRAVEL AGENCY

11 · Carbet + Soufrière · PETRELLUZZI TRAVEL AGENCY

Shopping · Pointe-à-Pitre · PETRELLUZZI TRAVEL AGENCY

10 · Super Grande Terre · PETRELLUZZI TRAVEL AGENCY

PETRELLUZZI TRAVEL AGENCY

PETRELLUZZI TRAVEL AGENCY
2 rue Henri IV . 97 151 POINTE-A-PITRE . GUADELOUPE

B.P. 61 . Adresse télégraphique : Léopoldo
tel : 82.88.40 / 83.03.99 / Airport : 82.26.40
Télex : 919 720 GL

Au marché de Gustavia les fruits et légumes proposés sont tous importés des îles voisines ou de Guadeloupe... de même que les vendeuses.

tropical cacti planted tastefully and pretty white fencing erected which brightens up the building during the heat of the day. It is very pleasant to sit on one of the benches installed opposite the large staircase running up to the sub-prefecture, especially after coming up rue Thiers - which climbs 100 feet in the hot sun. The view of the harbour is superb from this quiet, restful spot. You can also watch the dance of the brialliantly-colored, darting "fou-fous" (humming-birds), "von von" (bumblebees) and multicolored butterflies around the splendid bougainvillea which shades the staircase.

Deux belles demeures suédoises

Toutes deux situées au fond de la rade de Gustavia, face à la forêt de mâts immobiles des bateaux de plaisance, l'une est faite de brique et trône au milieu de la rue Sadi Carnot, l'autre, plus classique, est construite en blocs de pierre au rez-de-chaussée et en bois à l'étage, et s'est reconvertie, rue Jeanne d'Arc, en restaurant : « Le Brigantin ».

La première de ces maisons semble inoccupée car les volets du bas demeurent perpétuellement clos. Mais détrompez-vous, là vit toujours... l'histoire.

Dans l'injuste solitude de la vieillesse, la dame charmante et passionnée qui habite ces vieux murs sait raconter, au travers de ses ancêtres et de sa vie riche en expériences, l'histoire de l'île, de toute l'île, avec ses joies, ses espoirs mais aussi avec ses peines. Pour beaucoup malheureusement, la maison tout entière n'est plus à leurs yeux qu'un souvenir. Un souvenir sans doute, mais un souvenir tenace : les briques rouges de cette maison ont toutes été importées de Suède, comme l'atteste la marque de la briqueterie suédoise du XIXᵉ siècle, imprimée en relief sur certaines d'entre elles... Cette briqueterie suédoise existe toujours actuellement et se porte bien... Bonjour l'histoire !

De même pour la deuxième maison, son aspect flambant neuf ne peut faire oublier aux anciens les riches heures que vécut la famille Dinzey dans ces murs.

Miss Julie Dinzey, la dernière descendante des grands commerçants de ce nom marqua également de sa personnalité l'histoire de l'île. Malgré l'abandon de l'île par Oscar II, elle gardait un profond attachement à sa patrie adoptive, la Suède, et vivait parmi une multitude de souvenirs et de documents de l'époque chérie. C'est dans le grand salon de cette maison suédoise que fut présentée en 1978, lors des fêtes du centenaire du rattachement de Saint-Barthèlemy à la France, l'exposition très riche consacrée à l'époque suédoise de l'île.

Persistance de l'histoire encore, ou volonté délibérée de singularisation du restaurateur, la cuisine est servie dans ce nouvel établissement par une suédoise.

Two fine Swedish houses

Both these houses are at the end of Gustavia harbor opposite the forest of masts of the yachts that are tied up there. One of the buildings is built of brick and stands halfway along rue Sadi Carnot. The other is more classic, with the ground floor walls in stone and then the rest of the structure in wood. This one is in rue Jeanne d'Arc and has been converted into a restaurant : "Le Brigantin".

The ground floor shutters of the first house are always closed and you might think that the place was uninhabited. But no, this house is full of history and stories. A charming, impassioned lady lives there in the unfair solitude of old age. But she has a great fund of knowledge about St Barth, acquired through her family and her own rich experience, and she has a gift for narrating the history of the island, with its joys, hopes and sorrows. Unfortunately many people consider the whole place to be just a kind of relic. However, the house still stands foursquare opposite the water ; the bricks it is built of were all imported from Sweden, as can be seen from the stamp of the 19th century brickworks on some of them. In fact the brickworks still exists and is doing well !

Likewise, the brand new appearance of the second house cannot erase the memories of the rich hours lived by the Dinzey family within its walls. Miss Julie Dinzey, the last of a prominent family of merchants of the same name, also left her imprint on the island. In spite of Oscar II's abandoning of the island, she kept great affection for her adoptive country : Sweden. The large "salon" of this Swedish house was used during centenary celebrations of the return of the island to France to house a very rich exhibition on the Swedish period. And today, perhaps because history just keeps on going or perhaps because of a deliberate decision on the part of the restaurant owner, a Swedish waitress serves meals at "Le Brigantin" !

L'ancre anglaise sortie du fond de la rade en 1981.
The English anchor recovered from the bottom of the harbor in 1981.

Wall House

L'ancien bâtiment est une des rares structures qui aient résisté au grand incendie de 1852. On ne sait pas exactement quelle fut sa fonction à l'époque suédoise. Plusieurs théories sont avancées : certains parlent d'entrepôt, d'autres d'hôtel, d'autres encore de salle de fêtes.

Le feu ayant dévoré entièrement toutes les charpentes, les plafonds, les portes et les fenêtres, seules les ouvertures béantes de cet édifice de pierre gardent encore l'entrée de la rade. Wall House demeure dans le même état depuis cette époque et a été abandonné aux épineux. Ils sont d'ailleurs si nombreux maintenant qu'ils interdisent l'accès du bâtiment.

De grands et louables projets de restauration relancent l'attention des Saint-Barths sur ce tas de pierres. Wall House devrait être convertie prochainement en centre culturel.

Wall House

This old building is one of the few that survived the great fire of 1852. Nobody knows exactly what it was used for during the Swedish period. Several ideas have been put forward : warehouses, hotels, village hall.

The fire burned out beams, ceilings, doors and windows but the walls of this edifice still stand at the entry to the harbor. Wall House has been in this condition since the fire and is inhabited only by spiky, thorny plants which are so dense that you cannot get into the building.

Large, praiseworthy renovation schemes have drawn the attention of the islanders to Wall House, and it should shortly be turned into a "cultural center".

L'ancre anglaise

Ce souvenir anglais lourd de 10 tonnes de fer et de rouille attendait par 25 mètres de fond, que le hasard ou la curiosité des hommes le fit sortir de l'eau. En juillet 1981, le filin d'un remorqueur amenant une barge de St-Thomas s'accrocha à quelque chose à l'entrée de la rade : c'était le hasard. M. Beal se rendit sur les lieux avec des lunettes sous-marines : c'était l'homme. Il semble que le remorqueur ait traîné sans s'en rendre compte, cette ancre depuis Charlotte Amalie à St-Thomas jusqu'à Gustavia, mais rien n'a été fermement établi quant à sa provenance sous-marine. L'ancre est anglaise, c'est sûr : elle est marquée « Liverpool... Wood... London ».

Les ancres de ce modèle étaient utilisées de 1700 à 1825 et appartenaient à des vaisseaux de guerre de 120 hommes et 60 canons. Envoyée par le fond avec son navire en plein combat naval, par un cyclone ou tout bêtement des suites d'une fausse manœuvre, nul ne saura exactement le fin mot de son histoire. Aujourd'hui ce beau souvenir est confortablement installé au fond de la rade, face à l'église anglicane près du magasin de son « inventeur » et se laisse docilement prendre en photo par les amoureux du grand large.

The English anchor

This 10-ton piece of English craftsmanship waited for years in 15 fathoms of water for chance and curiosity to bring it out of the water. In July 1981, the cable of a tug towing a barge from St Thomas fouled on something at the entry to the harbor - chance. Monsieur Beal went to the spot with a pair of goggles to have a look - curiosity. It seemed that, without anybody realising it, the tug had dragged the anchor from Charlotte Amalie in St Thomas to Gustavia, but nobody could be sure about exactly where it had been lying. The anchor is certainly English : it is marked "Liverpool... Wood... London". Anchors of this type were used by warships carrying 120 men and 60 cannon from 1700 to 1825. Whether the anchor went down with its ship during a naval battle or a storm and when it went aground no one will ever know. Today, this fine piece is confortably installed at the end of the harbor opposite the anglican church near its finder's shop. Il makes a nice photo for nautically-minded takers of snapshots.

Les fortifications de Gustavia

Quatre forts défendaient la ville contre les menaces des corsaires et les incursions anglaises :

— Le fort Karl ou Charles IX surplombait la plage de Petite Anse de Galet, au sud de Gustavia. Il ne reste plus rien des fortifications, mais le site offre toujours un intérêt par son magnifique panorama sur les îles voisines : Saba, St-Eustache, St-Kitts et Nevis.

— Depuis que la défense nationale a investi le bout de la Pointe, le Fort Oscar est interdit aux civils. Du haut des remparts les militaires suédois scrutaient l'horizon à la recherche des voiles ennemies, aujourd'hui la menace vient du fond de l'eau, aussi les soldats observent plutôt l'océan... d'une « oreille » attentive.

— Passons vite sur le Fort anglais qui fut construit entre St-Jean et Gustavia pendant la très courte occupation anglaise de l'île en 1801, et dont il ne reste rien, et engageons-nous sur le chemin qui longe à droite le dispensaire sur la route de St-Jean afin d'accéder au fort le mieux conservé de l'île : le fort Gustave III.

L'intérêt stratégique de ce fort est perçu au premier coup d'œil. Depuis les remparts solidement fixés sur la roche à 54 mètres au-dessus de l'eau, les batteries suédoises étaient capables de contrôler simultanément l'Anse de Public, dont le mouillage était déjà très prisé à l'époque et tout le trafic maritime de

Gustavia, vue du Fort Gustave – Gustavia from Fort Gustave

la rade ; elles devaient également se montrer très dissuasives contre les régulières sautes d'humeur de la population civile de Gustavia. Il faut préciser qu'en ces temps-là, la population de la ville était plus constituée de trafiquants peu scrupuleux et de pirates de tout poil, souvent excentriques, violents et dénués de toute morale, que de commerçants honnêtes et respectueux des règles dictées par l'administration suédoise. Un accord tacite s'était installé entre le gouverneur et ces maraudeurs des mers : les uns fermèrent les yeux sur un commerce illicite et les manières douteuses de certains et les autres ne cherchèrent pas à déstabiliser le pouvoir en place. La situation restait explosive mais tout le monde y trouva son compte.

Le fort Gustave III est devenu aujourd'hui bien pacifique.

Seuls quelques édifices ont été conservés : la guérite en pierre de taille de la sentinelle, lorsqu'elle ne sert pas de poubelle à la station météo qui s'est plantée au centre du site à l'emplacement de l'ancien corps du logis, semble veiller sur la colonne de marbre du monument Nyman. La babette, solidement pavée, ne sert

plus aux lourds canons qui l'encerclaient. Elle est devenue une plate-forme pacifique d'où le touriste peut contempler les îles voisines, la ville de Gustavia à travers les branches bien membrées d'un fromager ou sur sa droite, vers Public, le trafic des barges amenant l'eau potable indispensable à la vie de l'île.

The fortifications of Gustavia

Four forts stood guart against corsairs and the English :
— Fort Karl or Fort Charles IX overlooked Petite Anse de Galet beach south of Gustavia. Nothing remains of the fortifications, but the spot is worth a visit for the magnificent view of the neighboring islands : Saba, St Eustatius, St Kitts and Nevis.
— Fort Oscar is no longer accessible to civilians since the French armed forces have taken over the tip of the point. From its ramparts, Swedish soldiers used to search the horizon for enemy sails. Today the threat comes from under the water and the military observe the ocean with their ears !

— Fort Anglais (English Fort) was built between St Jean and Gustavia during the very short English occupation of the island in 1801. Nothing remains of this fort, so you can follow the track which goes past the dispensary on the road to St Jean to reach Fort Gustav III which is the best-preserved one on the island.

The strategic importance of Fort Gustav III is seen immediately. The ramparts are built on rock nearly 200 feet above the sea and the Swedish batteries dominated both Anse de Public, which was already a favorite mooring, and all the shipping in the harbor. It is also quite possible that this fort had a calming effect as regards civil disturbances in Gustavia. At that time the town's population consisted more of wheeler-dealers and pirates of all sorts, who were often eccentric, violent and totally lacking any morals whatsoever, than of honest traders who obeyed the regulations laid down by the Swedish administration. A tacit agreement had grown up between the governor the buccaneers : the Swedes turned a blind eye to the illegal trading and doubtful manners of the latter as long as they as they did not attempt to upset the government of the island. The situation remained pretty explosive but it suited everybody.

Fort Gustav III is very peaceful nowadays. Only a few parts of it have survived : the stone sentry post - when it is not being used as a garbage can by the weather station which is in the middle of the site where the main quarters used to be - seems to be keeping watch on the marble column of the Nyman monument. There are no longer any cannon on the heavy paving at the top of the ramparts. It is now a quiet place from which the visitor can see the neighboring islands, and Gustavia through the thick branches of a silk-cotton tree. If you look over to your right towards Public you'll see barges bringing the island's potable water.

Le monument Nyman

Ce monument fut érigé pour honorer la mémoire du sergent major suédois, August Nyman qui, le 22 septembre 1810 empêcha la destruction de Gustavia et le massacre, par canonnade du Fort Gustave, d'une grande partie des habitants de la ville. En 1810 certains groupes d'habitants de Gustavia étaient mécontents du représentant de la justice, Anders Bergstedt dont l'influence sur le gouvernement de la colonie était considérée comme un abus de pouvoir. L'irritation atteignit son comble quand le gouverneur Hans Henrik Ankarheim donna l'ordre de désarmer la milice. Une grave émeute éclata.

Aussitôt le capitaine de la milice et secrétaire du gouvernement, Samuel Fahlberg, donna l'ordre de charger les canons de la batterie du Fort Gustave et de les *diriger vers la ville et la rue principale*, qui était remplie de gens bruyants.

Le sergent major August Nyman refusa d'obéir aux ordres de Fahlberg et obtint du « Capitaine » qu'il reste dans l'expectative. Par là Nyman empêcha un vrai massacre et la destruction de Gustavia.

L'activité révolutionnaire s'épuisa vite et Fahlberg et Bergstedt, furent tous deux exilés.

Nyman mourut quatre ans après, à 35 ans. Il fut incinéré, et ses cendres furent gardées dans une urne de marbre très joliment décorée qui coiffa pendant longtemps le monument funéraire dominant le site du Fort. Cette urne est maintenant dans le musée Schoelcher à Pointe-à-Pitre en attendant de revenir à Saint-Barth, peut-être dans le futur centre culturel-musée de Wall House. L'urne porte une épitaphe en suédois dont voici la traduction :

August Nyman fut conduit ici en 1814 par de nombreux amis différents quant à leur langue et leur couleur, mais unis dans leurs larmes. Il est beau de mourir ainsi.

The Nyman Monument

This monument was erected in memory of a Swedish sergeant-major called August Nyman who, on the 22nd of September 1810, saved Gustavia from destruction and its inhabitants from massacre by the guns of Fort Gustave. In 1810, some groups of people in Gustavia became angry with a legal official called Anders Bergstedt whose influence on the governing of the colony was considered to be excessive. This irritation reached its height when the governor, Hans Henrik Ankarheim, ordered the disarming of the militia. Serious rioting broke out.

Samuel Fahlberg, captain of the militia and secretary to the government, gave the order to load the Fort Gustave cannon and *"aim them at the town and the main street which was full of noisy people"*. Sergeant-major Nyman refused to obey Fahlberg's orders and managed to stall him, thus preventing a nasty massacre and the destruction of Gustavia.

The rebellion soon quietened down and Fahlberg and Bergstedt were both exiled.

Nyman died four years later at the age of 35. He was cremated and his ashes were placed in a very prettily decorated marble urns which for a long time stood on the top of the monument overlooking the fort. The urn is now in the Musée Schoelcher in Pointe à Pitre, waiting to return to St Barthèlemy - perhaps to the future cultural center-cum-museum at Wall House. The object bears the following inscription in Swedish :

"August Nyman was brought here in 1814 by many friends of different tongues and different skins, but united in their tears. It is a fine thing to die in this manner"

Magnifique urne en marbre qui honore la mémoire d'August Nyman au musée Schoelcher en Guadeloupe.
A magnificent marble urn in memory of August Nyman in the Schoelcher Museum in Guadeloupe.

Le Fort Gustave

Aquarelle de Sigrid Ulrich : le monument en l'honneur de Nyman
Water-color by Sigrid Ulrich : the Nyman monument.

SIBARTH

SIBARTH

REAL ESTATE & RENTAL AGENCY

P.O. BOX 55
GUSTAVIA
ST. BARTHELEMY, FWI

TEL: 590 276238
TELX: 919291 GL SIBART
FAX: 590 276052

ALL REAL ESTATE TRANSACTIONS

TOUTES TRANSACTIONS IMMOBILIERES

RENTAL OF PRIVATE VILLAS PER WEEK/MONTH

LOCATIONS TOURISTIQUE DE VILLAS A LA SEMAINE AU MOIS

SALE OF LAND AND HOMES

VENTE DE TERRAINS ET MAISONS

Gustavia au présent
Gustavia in the 1980's

Une capitale pour quoi faire ?

Pour les colons de St-Barth, la question ne se posait même pas. Les familles qui se partageaient la campagne, vivaient chacune dans leur quartier. Il y en avait alors deux dans l'île : le quartier du Roi à l'ouest et le quartier d'Orléans au-delà de la baie de Saint-Jean. On retournait la terre, laissant la mer aux corsaires. Et au sud, le beau carénage n'avait fixé que quelques baraquements.

Gustave III, lorsqu'il prit possession de St-Barth pour les Trois Couronnes de Suède, avait, dans son cabinet de Stockholm, bien d'autres ambitions pour le rocher du Prince Charmant, que de faire vivoter ce grand pâturage au relief cahotique. Il voulait faire parvenir sur l'Amérique un peu de la Lumière du Siècle, et créer aux confins des Antilles un paradis du négoce pour une société heureuse de ses marges bénéficiaires. Le petit village de cases du déjà célèbre Carénage de Saint-Barthélemy devint port franc par décret du 16 septembre 1785, et du même coup capitale sous le nom du monarque lui-même.

Gustavia, avec ses entrepôts de la Compagnie suédoise des Iles du Vent, ses artisans, ses immigrés, ses commerces et ses tavernes, devint une ville respectacle où l'on recensa jusqu'à 5 000 habitants (près de deux fois la population du dernier recensement publié en 1974).

Au début du XIXe siècle, l'île avait rencontré la chance, et un réseau de rues pavées en fer à cheval autour de la rade alignait 350 maisons abritant magasins et bureaux, bourgeois et tâcherons du port. Pour dissuader la mauvaise humeur des corsaires qui avaient pris dans l'île des habitudes de trop grande liberté, et pour faire bonne figure contre les tracasseries continuelles des Anglais, le port se retrancha derrière les murailles de ses forts, Gustave, Karl, Oscar, la batterie des Anglais, et entretint une garnison et une milice.

Rue Courbet

La décadence du trafic et la crise économique qui cheminait à travers le XIXe siècle, vidèrent à nouveau le bourg. De capitale, il n'était plus nécessaire, quand la campagne ne comptait plus pour survivre que sur elle-même. Quant à ses fonctions administratives qui rappelaient la « dépendance » de la Guadeloupe, elles n'étaient pas susceptibles de créer une animation. Au contraire, tandis que des quartiers comme Lorient ou Colombier bâtissaient sous l'impulsion de religieux dynamiques, la « capitale » devait somnoler encore longtemps.

Depuis quelques années, les pavés suédois des rues de Gustavia ont disparu sous une épaisse couche d'asphalte. Les « minimoke », ces nouvelles reines de la ville, n'ont plus à faire souffrir leurs petits pneus sur les larges pierres rectangulaires. Pourtant des graminées rases poussaient entre les interstices de ce dallage et feutraient la conduite.

A capital, but what for ?

Things were straightforward for the early settlers on St Barth. The families who shared the island lived in one of the two "quartiers" : the "Quartier du Roi" (King's Quarter) in the west, and the "Quartier d'Orléans" (Orleans Quarter) beyond the bay of St Jean. They tilled the soil and left the sea to the buccaneers.

There were only a few shacks next to the beautiful mooring in the south of the island.

When Gustav III took over St Barthélemy for the Three Crowns of Sweden, he had other plans for the island than subsistence agriculture. He wanted the wind of progress to blow through and create a trading paradise in the New World where the population could live contentedly on its profit margins. The little shanty village of the "Carenage de Saint Barthèlemy" became a free port by decree on September 16 1785 and was rebaptized Gustavia.

With the warehouses of the "Swedish Windward Islands Company", craftsmen, settlers, businesses and taverns, Gusta-

Au coin des rues Lafayette et Oscar II

via acquired a population of 5,000 (nearly twice as many as in the 1974 census).

The island struck lucky at the beginning of the 19th century and a grid of cobbled streets spread around the harbor in a horsehoe shape. There were three hundred and fifty houses, stores and offices. In order to discourage the pirates, who tended to consider that they owned the place, and to prevent harassment from the English, the town protected itself with its three forts Oscar, Karl and Gustav and a battery called "la batterie des Anglais". There was also a garrison and a militia.

The 19th century saw an economic crisis. Trade stagnated and Gustavia emptied. A capital was no longer necessary when the land was the only resource, especially as the island depended administratively on Guadeloupe. Districts like Lorient and Colombier flourished — stimulated by dynamic priests — while Gustavia quietly went to sleep.

The Swedish cobblestones of Gustavia disappeared under a thick layer of asphalt some years ago and Mini-Mokes don't go bump bump over the large rectangular stones anymore, even though grass used to grow very nicely between the stones and made driving reasonably smooth.

Gustavia au présent

C'est encore le commerce qui vient donner à Gustavia ces dernières années son nouvel envol. Le port qui reçoit sur ses quais caboteurs et barges porteuses de petits conteneurs devrait encore augmenter prochainement ses capacités. En ville, les magasins de détail, alimentation ou centres de bricolage, boutiques de mode et produits détaxés, répondent aux nouveaux besoins d'une île qui consacre les 2/3 de son activité à la construction et à l'accueil des étrangers de passage. Pour eux, Gustavia conserve les attraits du port franc. Ses boutiques regorgent de la plus impressionnante collection d'alcools et de cigarettes.

Comme ville, Gustavia compte peu de résidents. Les St-Barths qui ont pignon sur rue dans la cité, préfèrent la retraite plus calme des quartiers de l'île où ils retournent le soir venu. Animée dans la journée, la ville change de visage en fin d'après-midi pour ne rester que le rendez-vous des plaisanciers mouillant dans la rade, et celui des touristes à la recherche de tables gastronomiques. D'habitants, on trouve surtout ceux des petites zones populaires de la Colline et de la Pointe.

Comme chef-lieu, Gustavia reprend peu à peu un rôle de responsable de la santé morale et physique des administrés. Les infrastructures d'hier, hôpital, dispensaire, écoles, souvent liées aux églises, ont été modernisées. Mais il a fallu songer aussi en termes de centrale électrique, ordures ménagères, stocks de carburant, usine de dessalement. Public est devenu, en répondant à ces exigences modernes, une zone industrielle qui manifeste le désir de St-Barth de ne dépendre de personne pour son confort élémentaire. La recherche de cette forme d'indépendance moderne stimule la vie de la cité où apparaît un grand souci de l'avenir.

Gustavia renoue avec des préoccupations de capitale active de l'île. Pas d'agitation cependant et pas besoin d'uniformes. Des policiers et des gendarmes affables. Une ville tranquille en un mot, mais pas inerte. Ici, comme ailleurs, on se méfie de l'eau qui dort. D'ailleurs, l'armée depuis le fort Oscar écoute d'une oreille attentive les moindres remous des océans. Au pied de ces installations on a prévu une piscine et un moderne club de voile.

Et mieux que cela encore, St-Barth s'occupe aussi de son passé. « Wall House », ce mur calciné vestige de l'incendie de 1852, sera restauré, et redevenu le plus spacieux bâtiment de la ville, il abritera un centre de conservation et de manifestation culturel propre à Saint-Barthèlemy. L'île soucieuse de mettre son avenir au point, se penche déjà sur son passé.

Gustavia today

Then in recent years trade has woken the town up again. The harbor, which only has some 70 yards of quay for small coasters and container barges, is soon to be made bigger. Stores of all kinds — food, handicrafts, fashion, tax-free goods — have opened to meet the needs of an island where construction and tourism form two-thirds of all business. Gustavia still has the attractions of a free port for tourists : its tax-free stores overflow with all kinds of liquor and cigarettes.

Not many people live in Gustavia. Islanders with businesses in town prefer to return to quieter parts of the island in the evening. It is lively during the day and then in the evening is left to the yachtsmen moored in the harbor and gourmets in search of a gastronomic meal. Most of the inhabitants live in the small Colline and La Pointe districts.

Gustavia is gradually beginning to function as a capital again. The services — hospital, dispensary, schools — were often associated with churches and have now been modernised. An industrial zone has been established, showing the island's desire not to be dependent on others. Gustavia has woken up and is concerned about the future.

Gustavia is becoming active as the capital of the island, but without fuss and without uniforms. Police and gendarmes are helpful and courteous. The town is peaceful but not dead.

The army listening post at Fort Oscar monitors the ocean. A swimming pool and a modern sailing club are planned nearby.

Even better, St Barth is concerned about its past. Wall House (which burned down in 1852 !) is to be restored and used as a public building. The island is both looking towards the future and looking after the past.

Les rues de Gustavia

En 1977, après avoir présenté leurs couleurs et planté la croix de l'ordre de Caldin devant le monument du cimetière wesleyrien de Public, les marins de l'unité navale suédoise, envoyés à St-Barth pour l'inauguration, entreprirent de fixer à Gustavia des plaques portant les noms suédois de chaque rue. Un bon nombre de ces plaques firent la joie de collectionneurs désinvoltes et des chasseurs de souvenirs sans scrupule, mais la plupart sont encore jumelées aux plaques françaises.

Voici l'occasion de lire les noms des rues d'hier et d'aujourd'hui.

Ainsi, les artères qui bordent la rade :
Westra strandgatan devenue aujourd'hui rue Jeanne d'Arc.
Ostra strandgatan : devenue aujourd'hui rue de la République et son prolongement rue Charles-de-Gaulle, et d'autres, un peu partout dans la ville. C'est le cas de :
Hwarfsgatan : rue Schoelcher.
Drottninggatan : rue Courbet.
Prinsgatan : rue Oscar II et son prolongement rue August-Nyman.

Un relevé cadastral du port de l'époque suédoise est exposé à la mairie. Quelques mentions sont illisibles, mais la plupart des artères d'aujourd'hui figurent sous leur nom d'origine. Certaines ont disparu, d'autres ont vu leur tracé modifié. Mais nous publions tout de même cette liste en signe d'érudition amicale à l'intention des touristes suédois mordus d'histoire.

Rappelons également que **gatan** signifie rue, et **gränden** signifie impasse.
Soldatgatan porte aujourd'hui le nom de la rue de la Paix.
Artilerigatan : rue Couturier.
Nyagatan : rue de la France.
Nyergränden : rue de la Guadeloupe.
Brinkgränden : (rue sans nom où se trouve le magasin Béranger).
Corps de gard Gatan : rue du Centenaire 1878-1978.
Batterigatan : rue du Presbytère.
Aldermansgatan : (rue passant derrière le presbytère).

Hospitalsgatan : (rue montant à l'hôpital).
Hollandaregatan : rue Dugommier.
Hamngatan : rue Atvater.
Storgatan : rue Chanzy.
Grönagatan : rue de la Colline.
Fredsgatan : rue Jean-Bart.

The streets of Gustavia

In 1977, the Swedish navy sent sailors to Gustavia for the inauguration of the monument in the Weslayan cemetery. When they had hoisted the colours and put up the cross of the Order of Caldin in front of the monument, they set about putting up plates bearing the Swedish names of Gustavia's streets. A number of these plates have been appropriated by unscrupulous collectors but most of them are still in position next to the French street names - providing an interesting opportunity to compare the street names of today and yesterday.

Water hyacinths - the conquerors
Les jacinthes d'eau, les conquérantes.

La flore de Saint-Barth
The flora of St Barth

Des parfums, des couleurs... et des piquants

Des piquants assurément, et en abondance sur Saint-Barth. Pas assez de relief pour retenir les nuages au-dessus de l'île, pas assez de pluies donc, pour en verdir les mornes. Ici, le soleil cogne dur sur la roche, les petites maisons bardées de bois et les gens. Rien de commun avec cette luxuriante jungle tropicale qui assombrit à l'horizon la silhouette des volcans nommés Saba, St-Eustache, St-Kitts et Névis.

Les cactus ont donc tout naturellement colonisé les zones inhabitées de l'île. Les zones inhabitées seulement, car il faut faire confiance à l'homme lorsqu'il s'agit de brusquer la nature des choses. Les Saint-Barths ont importé des îles voisines des plants de latanier pour leur industrie du chapeau de paille (lire le chapitre « Une paille à l'envers, une paille à l'endroit » dans le cahier « société » de ce guide), mais ils ont su, avant tout, agrémenter leurs décors quotidiens des plus jolies plantes tropicales de la région... en mettant à contribution, comme il se doit, l'eau des citernes.

Ainsi jaillissent pour le plaisir de tous, bougainvilliers, hibiscus, crotons, alamandas, poinsianas et alpinias, de même que des

Leaf of life - better than aspirin
L'herbe-mal-de-tête, mieux qu'Aspro.

arbres ornementaux splendides tels que les tulipiers du Gabon, les flamboyants et les frangipaniers. Les arbres fruitiers sont également bien représentés à Saint-Barth, des grenadiers aux cocotiers, en passant par les tamariniers et un curieux « arbre à saucissons » couvert de magnifiques fleurs jaunes du côté de Colombier.

Scents, colors and prickles

There are plenty of prickly plants on St Barth. The hills are not high enough to ''catch'' the clouds and so there is not enough rain to make the hills green. Here, in St Barth the sun beats down on the rock, on the little shingled houses and on the people of the island. The vegetation has nothing in common with the luxuriant tropical jungle which darkens the silhouettes of the volcanic islands on the horizon : Saba, St Eustache, St Kitts and Nevis.

Cacti have naturally colonized the uninhabited parts of the island — but only the uninhabited parts since elsewhere man has rearranged the landscape. The locals imported latanier palms from neighboring islands for their straw hat industry (read the chapter on ''Local straw work''), but above all brightened homes and

The castor-oil plant : a spoonful for dad !
Le ricin, une cuiller pour papa !

93

The aloe, used to make a cream against sunburn
L'aloes, un gel contre les coups de soleil

Corail
Le corail.

The frangipani, its sap is toxic.
Le frangipanier, son latex est toxique.

The tall white lilies of West Indian cemeteries
Le grand lys blanc des cimetières antillais.

L'hibiscus, dans les cheveux des touristes.

A prickly bougainvillier hedge
Un bougainvillier, une haie épineuse.

94

Asclepiadaceae . L'arbre de soie.

Dwarf poinciana
Le poinciana ou "doudou".

Flamboyant tree blossom. A favorite for photographers as the tree remains in bloom for six months. The brown pods are used to make coat hooks.

Fleurs de flamboyant. Un arbre qui sait faire le beau devant les photographes. Il est totalement recouvert de fleurs la moitié de l'année. Des gousses brunes dont on fait des portemanteaux.

Flowers of the African tulip tree or "Flame of the forest"
Fleurs du tulipier du Gabon.

villages with the prettiest tropical plants in the area, using rain-water collected in cisterns.

Bougainvilliers, hibiscus, crotons, allamandas, dwarf poinsianas and shell ginger flower exuberantly for the pleasure of locals and visitors alike. You will also see magnificent ornamental trees like the African tulip tree, the flamboyant and the frangipani. Fruit trees are plentiful in St Barth, the range running from pomegranate trees to coconut palms by way of tamarinds and the curious candle tree with its magnificent yellow blossom which grows in the Colombier area.

Aquatiques et médicinales

Qui l'eût cru ? Des plantes aquatiques dans les îles sèches du nord... De jolies jacinthes d'eau violacées vous fixent de leur œil jaune autour des quelques rares pièces d'eau de l'îles. A Saint-Martin, des mares en sont totalement recouvertes car l'espèce, typiquement américaine, est envahissante. Une exception à Saint-Barth.

Médicinales, elles le sont presque toutes. A proximité des rochers balayés par les embruns, là où la chance vous fait de temps à autre dénicher une gracile orchidée terrestre, des pieds de ricin vous exhibent leurs fruits rouges et épineux. Les graines sont vénéneuses mais l'huile qu'on en tire est le remède le plus simple pour faire faire la moue aux enfants... Une cuiller pour papa !

Attention, ce secteur est aussi celui où l'insolation vous guette. Inespéré pour les imprudents, le remède pousse à leurs pieds, l'herbe-mal-de-tête. On prétend que ses feuilles, placées sur le front, effacent les maux de tête (on l'appelle aussi « farine chaude » ou la « chance »).

Aquatic plants and folk remedies

Who would have believed that aquatic plants grow on dry islands in the West Indies ? Pretty blue water hyacinths with a yellow spot like an eye grow around the rare pools on the island. Ponds are covered by this spreading American plant in St Martin, but it is rarer on St Barth.

Two favorite orchids which grow in the soil on the dry West Indian islands ; keep an eye open for these tiny flowers amid cereus cacti.

Deux espèces terrestres d'orchidées chères aux îles sèches des Antilles, des petites fleurs sauvages à repérer parmi les cactus cierges.

Most local plant have medicinal uses. You will find castor oil plants among rocks near the sea (where you might also see pretty native orchids if you are lucky) with their burr-like red fruit with the seeds (poisonous !) which contain the famous castor oil that kids like so much !

If you have been in the sun too long you'll find the fleshy leaf of life growing in the same type of habitat. It is said that holding a few leaves against your forehead will bring quick relief.

Ouille ! ouille ! ouille !

Un soleil d'enfer s'est approprié les extrémités rocheuses de Saint-Barth et les îlets voisins, aussi, comme le Mexique n'est pas loin, des « chandeliers » du type « Far West » lèvent leurs « doigts » vers le ciel et disent « présent ».

Plus discrets, mais plus surprenants, viennent ensuite les « têtes-à-l'anglais », des cactus joufflus surmontés d'un bonnet de velours rouge quelque peu obscène. Des figuiers de barbarie de toutes sortes cernent les rochers et clôturent avec efficacité les propriétés; ils sont appelés ici « raquettes à fleurs jaunes » (ou rouges) et « raquettes blanches » (cette espèce a, dit-on, la fâcheuse habitude de lâcher ses coussinets couverts d'épines sur les passants. On la nomme également pour cette cuisante raison « raquette volante »).

Plusieurs variétés de yuccas vous mettent en garde avec leurs feuilles-sabres et les aloès (et autres agaves), repérables de loin grâce à leurs vertigineuses inflorescences-mâts-de-cocagne, ajoutent leurs lourdes feuilles pointues à ce concert de piques. Un concert pour tropiques en « ouille ! ouille ! ouille ! » majeur...

Prickle, prickle prickle !

There is something almost Mexican about the rocky extremities of St Martin, where giant cereus cacti raise their arms towards the sky.

Another fine type of cactus is the plump and jovial "pope tree" or Turk's head cactus. All sorts of prickly pear grow round the rocks and are used as a very effective form of fencing. The type known in the French West Indies as "raquette blanche" is reputed to drop leaves — complete with spines — on innocent passersby.

There are several varieties of yucca whith sharp sword-like leaves, and then the spiky gray-leaved agave (century plant) which produces a flower like a twenty-foot candelabrum adds yet another type of prickle to the landscape.

Précisions sur le « tête-à-l'anglais »

Le « Melocactus communis », appelé « Tête-à-l'anglais » sur l'ensemble des Antilles françaises est un cactus encore assez commun sur les îles dites « sèches », malgré les agressions dont il fait quotidiennement l'objet. Il tient son nom du bonnet rouge qui

A pretty, pleasantly scented flower on a grand and spiny cactus
Une jolie fleur parfumée... pour des chandeliers arrogants, les cactus-cierges.

A particularly goodlooking pope tree cactus
Un tête à l'anglais particulièrement esthétique.

Catalpa, à ne pas confondre avec le mancenillier.

le chapeaute et qui rappelle singulièrement le bonnet à poils de la garde royale britannique.

La tentation est grande de ramener chez soi un de ces originaux cactus rondouillards, mais s'il vous plaît, laissez vos canifs dans votre poche. Aucun individu sain n'a jamais repoussé une fois déterré, même aux Antilles. Il résiste mal aux périodes de grande sécheresse et aux blessures que lui inflige la nature, de plus, la pulpe intérieure de la plante est appréciée par les cabris (petites chèvres), peu gênés dans leurs repas par les épines. Pour toutes ces raisons, il est considéré par les botanistes comme en voie de disparition. Signes de mauvaise santé chez les « tête-à-l'anglais », les formes extravagantes que prennent certains individus et la multiplication anarchique des repoussins sur le chapeau ou la base des cactus.

Aussi, un bon conseil, prenez toutes les photos que vous voulez de ce cactus sympathique mais évitez de les abîmer et arrangez-vous pour ne pas déranger leur environnement.

Dernier détail, les petits fruits rose-bonbon en forme de gouttes d'eau qui perlent au-dessus du bonnet sont comestibles. C'est vrai, mais soyez gentils de ne pas tous les avaler. Pensez à la survie de l'espèce, ce sont autant de graines qui ne germeront plus sur nos îles.

Pope tree cactus

Melocactus communis is called ''tête à l'anglais'' (Englishman's head) in the French West Indies because of its similarity to the hats worn by British guards regiments. It is tempting to take one of these curious plump cacti home with you. Please don't. They are very delicate and not a single one has survived transplantation satisfactorily, even in the West Indies. They take a great many years to grow ; they are not very resistant to drought or to accidental damage, and goats find their flesh very tasty and do not seem to be put off by the spines. When these cacti are in bad health they grow in extravagant shapes and put out shoots at the base or on the ''cap''. For all these reasons, botanists consider that the species might become extinct. So take as many photos of these curious plants as you like, but do not damage them or disturb their environment.

One last thing — the small pink fruits which grow on the cap

are edible but please don't swallow them all. They seeds are needed for the preservation of the species.

Le « cactus-cierge », chandelier du Far West

Comme son nom latin l'indique (Piloso cereus nobilis), le « cactus-cierge » lance ses bras vers le ciel avec noblesse... à moins qu'il n'obéisse au « hands up ! » d'un hors la loi invisible. Contrairement au « tête-à-l'anglais », il est très résistant et se laisse bouturer facilement. De ce fait les habitants des îles ont vite compris comment réaliser, grâce à leur concours, des haies infranchissables pour clôturer leurs propriétés, voire pour défendre des places fortes. Quoi de plus dissuasif qu'un mur d'épines haut de trois mètres ?

Mais les brutes ont souvent le cœur sensible, aussi, entre ses pics, naissent de jolies petites fleurs jaunes ou rouges, toutes de légèreté et de fraîcheur. Des fruits lisses semblables à des figues de barbarie apparaissent ensuite, mais vous aurez rarement l'occasion d'en voir car, fruits comme fleurs, ils font le régal des oiseaux.

Cereus

A species of cereus or torch cactus (*Piloso cereus nobilis*) raises its arms to the sky in a magnificent gesture of nobility (stick'em up !). Unlike the pope tree, it grows readily from cuttings. West Indians on all the islands make use of this feature and grow them in hedges around their property ; they have even been used as part of fortifications. A twelve-foot wall of spines is distinctly dissuasive.

These fine cacti have beautiful yellow or red flowers which turn into fruit similar to those of the prickly pear, but you won't see either flower or fruit unless you get there before the birds

La noix de coco

Une chose est sûre, Isaac Newton n'a pas découvert sa « loi de gravitation universelle » sous un cocotier. Le fruit qu'il aurait reçu sur la tête l'aurait fait passer de vie à trépas avant qu'il n'ait pu constater quelque accélération que ce soit de la pesanteur... Un dicton populaire prétend que lorsqu'elles se décrochent de leur perchoir, les noix de coco ne tombent jamais sur la tête des amoureux. Les lunes de miel à Saint-Barth ne courent donc aucun danger sur les plages. Evitez tout de même de provoquer le sort et roucoulez de préférence sous un latanier plutôt que sous ces bombardiers exotiques, les accidents arrivent plus souvent qu'on ne le dit.

En dépit de ce léger (!) inconvénient, la noix de coco est un véritable bonheur pour les îles. Cadeau de l'« arbre du ciel » « l'arbre à cent usages », on ne jette rien ni du fruit ni du cocotier lui-même. Pour les habitants des îles, le cocotier fournit boisson, nourriture bois et ombre.

L'enveloppe fibreuse de la noix sert de flotteur à la graine et lui permet de partir à l'aventure sur les mers. Bien que des noix de coco fossilisées, vieilles de plusieurs millions d'années aient été découvertes en Nouvelle Zélande, on pense que le cocotier est originaire de la Malaisie et qu'il réussit, avec la seule aide

des courants marins, à conquérir un à un tous les rivages tropicaux du globe. Il demeure ainsi depuis, la signature la plus évocatrice des îles, l'expression d'un rêve, l'antidote aux journées de grisaille des hivers du nord.

La coque de la noix, en somme le noyau du fruit, sert à la confection de récipients divers, bols, louches, etc., tandis que son contenu se mange à tous les stades de maturation. Jeune, elle contient surtout de l'eau, une eau rafraîchissante et diurétique qui se boit à même la noix, une fois tranchée d'un coup de sabre. A ce stade, l'intérieur est tapissé d'une gélatine transparente que l'on mange à la petite cuiller. Lorsque la noix mûrit, la gélatine s'épaissit et durcit pour former l'amande de la noix de coco, le coprah. Gâteaux exquis, sorbets, punchs et sucreries, que ne fait-on pas aux Antilles avec cette pulpe blanche ?...

Un must sur les plages de l'île, l'huile solaire que l'on extrait de la noix, limpide à souhait et fort agréable aux narines de vos voisins de sable. Lorsque voisins il y a...

The coconut

One thing is sure, Isaac Newton did not discover his ''law of gravitation'' beneath a coconut palm. The fruit that would have landed on his head would have taken him to the happy hunting ground before he'd been able to make the slightest observation on the acceleration of mass... ''Coconuts never fall on lovers' heads'' says a West Indian proverb, so there's no danger for newly-weds on the beaches of St Barth. Nevertheless, it is better not to push your luck. Do your canoodling under a latanier palm rather than a coconut palm. Accidents happen more often than you might think.

In spite of this slight disadvantage, the coconut is a treasure for the islands where not a single part of the fruit or of the coconut palm itself is wasted. It provides food, drink, wood, shade,

and household recipients. It is thought that the plant originated in Malaysia and was delivered to all the tropical shores in the world by marine currents. One of the most evocative symbols of the tropical islands, it is the expression of a dream, an antidote to the gray days of northern winters.

The inside of the nut can be eaten at all degress of maturity. Young, it contains mainly the cool, refreshing coconut milk drunk straight out of the shell when the top has been sliced off with a saber. At this stage it is lined with transparent gelatinous flesh which can be eaten with a spoon. When the nut ripens, the meat is used for practically everything : delicious cakes, sorbets, punch and sweetmeats.

Finally, a must for the island beaches : sun lotion made with clear coconut oil ; its pleasant scent won't bother your neighbors — if you should happen to have any neighbors !

A.

La faune de Saint-Barth
The fauna of St Barth

Sur terre, St-Barthèlemy possède peu d'espèces animales. L'île est très petite et éloignée des côtes américaines et des grandes îles des Caraïbes très giboyeuses. Seuls quelques reptiles, crabes ou insectes ont élu domicile sur cette terre aride, tannée par le soleil et démunie d'eau douce. Voici tout de même les espèces caractéristiques de l'île.

There are not many land animals in St Barth. The island is small and far from the American continent and from the larger Caribbean islands which are well-stocked with animals. Only a few reptiles, crabs and insects have taken up residence on this arid, sunbaked island where there is no fresh water. Nevertheless, here are the main types of animal to be found in St Barth.

Reptiles

Vous ne pourrez pas manquer de côtoyer les gros lézards pacifiques et débonnaires à l'ombre de l'« arbre salle d'attente » de l'aéroport de St-Jean. Très sociables, ils n'hésitent pas à déambuler à quelques centimètres de vos pieds à la recherche de friandises telles que fourmis, moucherons ou miettes de pain. Ils n'ont rien à voir avec les iguanes également communs sur l'île, mais beaucoup plus farouches. Un seul serpent fréquente les herbes de l'île : la couleuvre. Elle est sans danger mais elle vous créera peut-être quelques frayeurs : elle a la fâcheuse habitude de se montrer aux endroits les plus inattendus. Enfin le sympathique « mabouya » (de la famille des Geckos) traque le moustique le soir près des lampes murales. Il a muni ses doigts de grosses ventouses pour mieux s'immobiliser sur les murs... ou les plafonds.

You are sure to meet a few of the big, peaceful, debonair lizards which hang about in the shade of the "tree-waiting-room" at St Jean airport. They are pretty sociable and will come within a few inches of your feet in search of dainties like ants, aphids or breadcrumbs. They are completely different to the iguanas which are also common on the island but which are much more wild and timid. The only snakes are grass-snakes : these are harmless but might give you a fright since they tend to turn up in the most unexpected places. Finally, the likeable "mabouyas" (geckos) stalk mosquitoes in the evening near bracket lamps. They have suckers on their feet and can remain immobile on the wall - or the ceiling.

Les iguanes

Malgré leurs allures démoniaques, ces gros lézards sont des dragons bien inoffensifs et très peureux face aux humains, vous aurez beaucoup de mal à les fixer sur vos objectifs, à moins peut-être d'utiliser un télé-objectif puissant. En effet, au moindre bruit de votre part, vous les verrez détaler à travers les roches et les cactées. Ils sont très courants sur les îlets et on peut en rencontrer sur tous les mornes de Saint-Barth, à proximité de la mer, mais c'est toujours aux moments les plus inattendus que vous tomberez nez à nez avec ces petits monstres. La surprise de cette rencontre crée toujours un certain choc... chez nous comme chez eux !... Peut-être nous trouvent-ils, humains, laids à faire peur !

In spite of their rather devilish appearance, these big lizards are inoffensive dragons and very frightened of human beings. It is difficult to get a good photograph of iguanas unless perhaps you use a powerful telephoto lens. The trouble is that when you make the slightest sound they rush off across the rocks and amongst the cacti. Iguanas are very common on the islets and you'll find them on all the mornes (hills) near the sea in St Barth itself. But you always come face to face with iguanas when you're least expecting to. It is always rather a shock - for both parties. Perhaps iguanas find humans horribly ugly ?

Oiseaux

Voici une expérience facile à réaliser et qui ne rate jamais à Saint-Barth : posez une assiette sur le rebord d'un balcon, mettez-y en abondance du sucre de canne et tenez-vous à proximité sans faire de bruit... Il ne faudra pas plus de quelques minutes d'attente pour voir les « sucriers » du quartier venir en nombre se délecter de leur mets préféré. Mais attention à ces minuscules oiseaux au ventre jaune, la scène attire aussi leur « prédateur », le sinistre merle noir au coup de bec fatal. Des tourterelles fréquentent également l'île, elles y sont parfois très nombreuses. Plusieurs petits échassiers arpentent les bords des différentes « salines », ils sont nombreux à Saint-Jean, derrière l'Eden Rock, et à Grand et Petit-Cul-de-Sac. Plusieurs rapaces observent tout ce petit monde depuis les fils électriques : un petit faucon appelé « gli gli » ou « gri gri » et d'octobre à mars, le faucon pèlerin appelé à Saint-Barth le « malfini ». C'est la seule île qu'il visite aux Antilles.

Pour finir ce chapitre sur la nature, les oiseaux les plus intéressants à observer se trouvent près des côtes et au-dessus des îlets, ce sont les oiseaux marins : mouettes, fous de Bassan, frégates et pélicans.

Here is an easy experiment which never fails : put a plate containing a fair amount of cane sugar on the edge of your balcony ans stay near without making a noise. After a few minutes you will see hordes of sunbirds arrive for their favorite food. But be careful. A crowd of these tiny yellow-bellied birds will also attract the attention of a predator, the sinister, sharp-beaked blackbird. There are doves on the island too, sometimes in large numbers. Several types of wader can be observed along the seashore : there are a lot at St Jean behind the Eden Rock and at Grand Cul-de-Sac and Petit Cul-de-Sac. A few birds of prey perch on the power lines and watch all this. There is a small type of falcon called the "Gli Gli" or "Gri Gri", and then peregrine falcons visit the island - their only stopover in the Antilles - from October to March.

Finally, a note for birdwatchers : St Barth's seabirds are generally the most interesting to observe : gulls, boobies, frigate birds and pelicans. So keep your eyes open along the coast and around the little islands.

Sugarbird's nest

Two frigate birds

Pelicans, egrets, gulls and guano opposite Tintamarre
Pélicans, aigrettes, mouettes... et guano, face à Tintamarre

Mabouya

Un sucrier - Sugarbird

L'iguane

La mascotte de Saint-Barth, le pélican
The mascot of St Barth, the pelican

Mieux qu'une curiosité à Saint Barth, une mascotte.

C'est vrai qu'il est laid et balourd ce gros volatile. A-t-on déjà vu un bec aussi monstrueux, un vol aussi lourd, et une démarche aussi grostesque ?

Sans conteste le pélican se voit décerner l'oscar des plages dans la catégorie ''meilleur rôle comique''. Mais comme tout bon professionnel du rire, ses clowneries masquent une technique d'une précision exceptionnelle. Son numéro le plus spectaculaire est le ''plongeon de haut vol''.

Dans un vol en rase motte aux battements lourds, il scrute l'eau toujours limpide de Saint Barth, à la recherche de son plat préféré : le petit poisson de surface. Une fois la proie repérée, il s'élève dans les airs puis il se retourne et pique sur elle en un beau plongeon académique. Il faut le voir se désarticuler dans sa chute et se transformer en une véritable flèche, le bec tendu en avant, un plumet d'ailes et de pattes à l'arrière.

Le plongeon n'est jamais profond car la faible densité de son corps le renvoie aussitôt à la surface de l'eau (jamais plus de 50 centimètres). Quelques secondes plus tard il réapparaît, la prise stockée dans sa gorge distendue par les quelques douze litres d'eau qu'il a engloutis dans le même mouvement et qu'il rejette en ouvrant un large bec.

C'est le moment attendu par les mouettes pour aller lui dérober sa prise directement dans le bec ! Le pélican cligne alors des

yeux avec dignité et se met en devoir de pêcher un autre poisson. Pas de mouvement de mauvaise humeur et aucun râle de mécontentement, si le pélican est une vedette à Saint Barth c'est certainement une star du cinéma muet. En toute occasion son mutisme est total, c'est à peine s'il émet le faible crissement dont il usait dans sa jeunesse, lorsqu'il dispute un poisson à un de ses congénères, il préfère généralement exprimer sa colère ou sa faim par un claquement de bec sec et impératif.

Le pélican brun d'Amérique *(Pelecanus occidentalis)* celui qu'on rencontre sur l'île est le seul pélican des huit espèces existant dans les régions chaudes du globe, à capturer ses proies en les attaquant en piqué, mais, de même que le pélican blanc *(Pelecanus onocrotalus)* commun dans le sud-est de l'Europe et sur les côtes occidentales de l'Amérique, il emploie également une autre technique de pêche tout aussi efficace. Lorsqu'une bande de ces oiseaux a repéré un banc de poissons au large, elle se pose sur l'eau en arc de cercle et s'efforce de repousser ses futures victimes vers le rivage en battant des ailes pour les effrayer. Une fois les poissons acculés dans 30 centimètres d'eau, elle les encercle et c'est la curée, les pélicans les happent de leur bec et les emmagasinent dans leur gorge démesurée.

De retour au nid, les mères régurgitent ces captures à moitié digérées dans leur poche garde-manger et les jeunes viennent y plonger le bec pour se nourrir. A mesure que les provisions diminuent, les petits s'enfoncent de plus en plus dans les entrailles de l'adulte si bien que seules de petites pattes gigotantes finissent par dépasser du bec. Autrefois cette scène faisait croire aux observateurs que le pélican se perçait le cœur pour le donner en pâture à sa nichée car du sang sortait de sa gorge. Il s'agissait en fait du sang des poissons déchirés par le bec tranchant des petits. Jusqu'au moyen âge, cette image tragique du pélican fut utilisée par l'art chrétien comme symbole du Christ

Carte de répartition géographique du Pélican brun d'Amérique.

Pour les spécialistes
Pelecanus occidentalis ordre des pélécaniformes, famille des pélécanides.
Il hante les côtes rocheuses à proximité des eaux marines limpides et peu profondes. Son envergure est d'environ 2,80 m. Le nid est installé en colonies très nombreuses sur le sol. La couvée est de 2 à 3 œufs, l'incubation est assurée par le mâle et la femelle, elle dure 4 semaines, les petits volent vers l'âge de 9 semaines et peuvent se reproduire dès l'âge de deux ans.

donnant son sang pour le salut de l'humanité. De tout temps il personnifia la charité et la générosité. Partout encore il attire la sympathie, aussi il figure sur bien des emblèmes et armoiries (*cf* celles de Saint Barthèlemy), et il a laissé son nom à de nombreux villages de la Caraïbe : dans le langage imagé du créole, commun à toutes les Antilles, le mot ''pélican'' est dit ''Gran Gozier''. En exemple, il faut citer le cas du village touristique de ''Gosier'' près de Pointe-à-Pitre en Guadeloupe, où nichaient encore il y a quelques années, plusieurs familles de pélicans sur l'îlet et qui ont été chassées par les visites trop fréquentes des plaisanciers du dimanche.

Le village figurait sur les cartes du siècle dernier sous le nom de ''Gran Gozier'', il se changea ensuite en ''Le Gozier'' puis fut réduit récemment à ''Gosier''.

En résumé, on peut dire que le pélican est :
- fréquent et sociable à Saint Barthèlemy jusque sur les quais de Gustavia où il est l'ami des pêcheurs,
- amusant par son allure bancale et sa démarche de Quasimodo,
- et smpathique par ses mœurs et ses numéros d'acrobate.

Nous ajouterons que sa silhouette est agréable à dessiner et vous comprendrez pourquoi nous l'avons choisi comme mascotte de notre maison d'édition. Dans cette zone d'influence Americaine, il convenait de lui donner une attitude bien française, ...merci Maurice Chevalier pour ton canotier !

More a mascot than a curiosity in St Barth

It's true that the pelican is an ugly and awkward fowl with its monstrous beak, inelegant flight and its grotesque waddling gait.

It would easily win an Oscar for the ''best comic role'' on the beach.   But like all the best comedians, its clownish antics are backed up by extremely good technique.   The high dive is its most spectacular number.

It flaps along very low searching the clear water of St Barth for its favorite food : the small fish which swim near the surface of the water.   Once the pelican has spotted its prey it gains a bit of altitude and then turns back and goes after it with an impeccable dive ; it looks like an arrow with its beak stretched out and its wings acting as brakes.

Pelicans never dive very deep (less than 2 feet) because their bodies are very light for their size and they bob straight back up to the surface.   So they reappear a few seconds later with their catch in the elastic pouch below their beaks - together with over 20 pints of water picked up at the same time.

The seagulls wait for the moment the pelicans tip all this water out to steal their catch from their beaks ! The pelicans just blink in a dignified manner and set about catching another fish without the slightest sign of bad temper.   If the pelican is a star of St Barth it is a star of the silent movies.   Pelicans squeak a bit when they are young and are fighting over fish but they do

Dans le port de Gustavia.

Photo : V.S.

not otherwise make any sound at all ; they usually prefer to show their anger by an imperative pecking movement.

Eight species of pelican are to be found in hot parts of the world, but the American brown pelican *(Pelecanus occidentalis)* - the one found in St Barth - is the only one catch its food by diving at it. However, like the white pelican *(Pelecanus onocrotalus)* which is common in south-east Europe and the west coast of America, it uses another equally effective fishing technique.

When a flight of these pelicans spots a shoal of fish at sea it holds a round-up ; the birds form a half-circle and flap their wings to drive the fish towards the shore. When the shoal is in water about a foot deep, the pelicans encircle it and the feast begins ; they harpoon the fish and hoard them in their voluminous beaks.

When they return to the nests, the parents regurgigate the partly-digested fish into their beaks and the chicks plunge in to get at their food. As the amount in the skin-pouch decreases the chicks push their bills deeper and deeper into that of the parent until only their feet are sticking out from the parent's beak. In olden times this led to the belief that the young fed on the blood of the parents. In fact the blood comes from the fish torn up by the razor-sharp bills of the pelican chicks. This tragic image of the pelican was used in Christian art until the Middle Ages to symbolize Christ giving his blood to save mankind. The pelican has always symbolized charity and generosity. It still has a friendly reputation and appears in many coats of arms (e. g. those of St Barthèlemy) and many Caribbean villages have been named after it : in the picturesque Créole language the pelican is "Gran gozier" (big gullet). For example, there's the vacation village of "Gosier" near Pointe-à-Pitre in Guadeloupe, where several families of pelicans used to nest on an islet before they were frightened away by the too frequent presence of Sunday trippers. 19th century maps mark the village under the name of "Gran Gozier" ; this was then changed to "Le Gozier" and recently reduced to "Gosier".

To sum up, it can be said that the pelican is common and sociable in St Barthèlemy ; you even find them on the quay in Gustavia where they nobnob with the fishermen. Their rolling erratic gait (the pelicans not the fishermen) make them amusing to watch, and their habits and acrobatic performances are extremely interesting.

The pelican is nice to draw : now you'll understand why we chose it as the emblem for our publishing house (Les Editions du Pélican). For this zone where the American influence is strong, our very French pelican wears Maurice Chevalier's boater !

Les armoiries de Saint Barthèlemy

Blason : les 3 fleurs de lis rappellent que l'Ile de Saint Barthèlemy fut française de 1648 à 1785. Depuis 1878, elle fait partie du territoire de la France. La croix de Malte évoque que de 1651 à 1665 l'Ile fit partie des possessions de l'Ordre de Malte. Les 3 couronnes concrétisent l'appartenance de l'Ile à la Suède, de 1785 à 1878.

Ornements extérieurs : la couronne murale est le symbole que portaient les déesses grecques protectrices des cités, et que les villes ont repris depuis l'Empire. Les deux pélicans, rappellent la fréquentation de l'Ile par ces oiseaux. La devise "Ouanalao" est le nom caraïbe de l'Ile de Saint Barthèlemy.

1 — Corail-balle de golf
2 — Corail de feu
3 — Corail-rose
4 — Gorgone
5 — Dollar des sables
6 — Oursin diadème
7 — "Maman chadron" ou oursin-cœur
8 — Autres variétés d'"oursins irréguliers"
9 — Lambis ou strombe géant
10 — Strombe laiteux
11 — Strombe combattant
12 — Casques rois
13 — Casque granulé
14 — Cyphoma ou monnaie-caraïbe
15 — Deux tritons de l'Atlantique
16 — Triton - Tête de chien
17 — Térèbre flamme
18 — Olives de mer
19 — Bulles des Antilles
20 — Spondyle américain
21 — Latirus à lignes brunes
22 — Murex des Antilles
23 — Troques des Antilles
24 — Solariums de l'Atlantique
25 — Astrées vertes
26 — Nérites à quatre dents
27 — Porcelaine jaune de l'Atlantique
28 — Porcelaine-souris
29 — Autres variétés de Porcelaines
30 — Aile de Dindon des Antilles
31 — Bucardes épineuses des Antilles
32 — Bucarde fraise de l'Atlantique
33 — Diodon.

P.O.

Les fonds sous-marins
Underwater scenes

Superb West Indian underwater landscapes ten feet below the surface with impressive interlaced coral : elkhorn coral, club finger coral, brain coral and several varieties of sea fan waving in the currents. Blue chromis in the foreground.
Paysages merveilleux des fonds marins antillais à trois mètres de fond. S'entremêlent déjà des coraux impressionnants : corne d'élan, corail-doigt, chandeliers, cerveaux de vénus et diverses gorgones-plexaurides ondulant au grès des courants. Au premier plan, des chromis bleus.

Conch from shallow water
Trouvé à faible profondeur : le lambis

Freshly-caught crevalle jacks from open water. They are a member of the tuna family.
Des dorades fraîchement sorties des eaux du large. Elles sont de la famille du thon

Brown chromis above amazing scarlet Spongiae
Un chromis brun au-dessus de surprenantes spongiaires excrou-tant écarlates

Fr. B

Le monde sous-marin de Saint-Barth
The underwater world of St Barth

Le plongeur et le « snorkeler » néophytes ou confirmés, trouveront de très beaux coins à St-Barth. Les Antilles ont la réputation justifiée de posséder les fonds sous-marins parmi les plus spectaculaires du monde. Même dans trente centimètres d'eau, au large de n'importe quelle plage, le spectacle est de choix. Des dizaines de minuscules « poissons chirurgiens », et des « sergents-majors » jaunes et bleus galonnés de noir et une multitude de « poissons-papillons » étincelants, les uns argentés ou jaunes, le regard barré de brun, les autres zébrés de bleu, ou portant un gros œil noir dessiné près de leur queue. Tout ce monde de petits miroirs aux reflets éclatants vous invite à pousser plus loin la découverte de cet univers limpide et silencieux, à nager vers le récif où les vagues viennent mourir, le récif avec ses colonnes, ses cavernes et ses falaises de corail, ses buissons et ses forêts, le tout habité jusqu'au plus petit recoin par des poissons grands et petits qui s'affairent devant vos yeux. Aux pieds des coraux, dans les herbes, vous trouverez de nombreux coquillages, y compris le célèbre lambis, presque autant un symbole des mers chaudes que le cocotier.

Alors, munissez-vous d'un masque et d'une paire de palmes, et observez ce qui se passe à vos pieds. Respectez quand même quelques règles de sécurité pour votre confort :
— assurez-vous que vous ne nagez pas dans des courants trop forts ;
— évitez l'espèce orangée appelée « corail de feu » qui dégage une substance acide au moindre mouvement de l'eau, au grand dam des plongeurs inattentifs ;
— ne mettez pas la main dans des trous ou des crevasses — on ne sait jamais chez qui on est !

St Barth has some excellent spots for scuba diving and snorkeling, with facilities for both experienced divers and beginners. The Caribbean deserves its reputation for containing some of the most spectacular underwater landscapes in the world. There's plenty to see even in a couple of feet of water off any beach. Dozens of tiny surgeon fish and blue and yellow sergeant majors with their black stripes and a host of silvery or yellow butterfly fish, some with a large ''eye'' near their tails, form clouds of tiny mirrors flashing in the water. Then there are the reefs where the waves break. Under the water there are columns, caves and cliffs of coral. There are bushes and whole forests of strange shapes, the whole inhabited by fish of all sizes. There are shellfish at the foot of the coral and in the ''grass'', including the famous conch shell which is almost as much a symbol of the warm seas of the world as the coconut palm.

So get hold of a mask, a snorkel and a pair of flippers and start exploring. However, it is wise to obey one or two simple rules :
— be careful not to dive in currents that move faster than you can swim ;
— don't swim too near coral ; it can cut you ;
— keep away from the mustard-colored fire coral (with white tips) which releases a stinging substance ;
— never put your hand into holes or cracks. You never know who might live there !

Sachez ce que vous mangez

L'empoisonnement par le poisson connu sous le nom de « ciguatera », présent dans diverses parties du monde (Tuamoto, les Marquises, la Mer Rouge, etc.) est le fait de certains poissons (comestibles dans d'autres régions), à St-Barth. Une substance vénéneuse s'accumule dans le poisson, donnant lieu à des problèmes digestifs et cardiovasculaires chez l'homme ; les effets peuvent se faire sentir pendant plusieurs semaines. La ciguatera n'est en aucune façon liée à l'état de fraîcheur du poisson ou au mode de cuisson. Seuls les poissons pêchés à certains endroits sont affectés, alors demandez conseil aux pêcheurs locaux et souvenez-vous où vous avez pêché tel et tel poisson.

Know what you eat

The fish-poisoning known as ciguatera which affects reef fish in various parts of the world (Tuamoto, Marquesas, Red Sea, etc.) is found in certain fish in the St Barth area. A poison accumulates in fish and leads to digestive and cardio-vascular problems in humans which can last for up to a week or two. It is not connected in any way with the freshness of the fish or the method of cooking. Only fish caught in certain places may be affected and crustaceans are not affected at all. Seek local advice when fishing and remember *where* each type of fish was caught.

Les tortues

Tous les ans, à Saint-Barth, des femelles viennent pondre sur les plages au prix d'efforts instructifs exemplaires. Elles traînent leur carapace hors de l'eau pour enfouir dans le sable des grappes d'œufs par centaines : en 1983, deux pontes ont été observées sur les plages de Flamand et de Corossol, et une à Colombier. Leur regard, si humain, donne toujours l'impression d'implorer la clémence des pêcheurs, c'est vrai qu'il ne faut pas avoir de cœur pour oser leur faire du mal...

Mais leur chair est appréciée et sa carapace est décorative, aussi la chasse à la tortue est autorisée dans les eaux françaises de mi-septembre à mi-mars et selon la grosseur de l'animal. Sa voisine de Guyane : la tortue-luth, à carapace de cuir mou (rare aux Antilles) a été récemment déclarée par les instances internationales « monument historique mondial » et est maintenant protégée des pêcheurs et de la curiosité sans gêne des touristes. A quand l'extension de ces mesures aux autres espèces de tortues ?

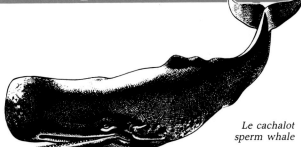

Le cachalot
sperm whale

Turtles

Every year, female turtles come ashore at St Barth to lay their eggs on the beach. With immense efforts, they drag their heavy bodies out of the water and bury clutches of hundreds of eggs in the sand. In 1983 turtles laid eggs on the beaches of Flamand, Corossol and Colombier.

These turtles have very human expressions and seem to implore fishermen not to do them any harm - it's true than you have to be pretty hardhearted to dare to kill one. But turtle meat is highly esteemed and the shells are decorative, and so turtle hunting is permitted in French waters from mid-September to mid-March, depending on the size of the animal. The leathery turtle of neighbouring Guiana has a soft, leathery shell ; it is rare in the West Indies and has recently been declared to be a "world historical monument" by international authorities and is now protected from fishermen and the intrusive curiosity of tourists. When will such measures be extended to other species of turtle ?

Whales come past every year in May near Bonhomme and Frégate, swimming in family groups : two couples and their young. Adult sperm whales can reach over 60 feet in length. They yield nearly two and a half thousand gallons of high-quality industrial oil including almost 200 gallons from a "case" in the head. The sperm whale is the only cetacean to produce ambergris, a nauseating substance expelled from the animal's stomach and much sought-after to be sold at a very high price to perfume manufacturers ! The sperm whale is still harpooned in primitive fashion by intrepid West Indians near Mustique in the Grenadines.

Les baleines

En fait de baleine, aux Antilles, on ne croise que des cachalots, différents des autres cétacés par l'absence des fanons typiques de cette famille de mammifères marins. Leurs machoires, munies de petites dents crochetées de 20 centimètres de long (tout est relatif) ne leur servent qu'à combattre le calmar géant des grandes profondeurs dont ils font leur nourriture favorite et qu'ils vont chercher à plus de 800 m dans les abysses en retenant leur respiration plus de 40 minutes durant...

On comprend la puissance de leur « souffle » lorsqu'ils reprennent leur respiration à la surface ! Il en passe tous les ans, au mois de mai, au nord de l'île près de Bonhomme et de Frégate, évoluant en famille : deux couples et leurs petits. Les adultes peuvent mesurer 20 mètres de long et produisent chacun pour les baleiniers près de 10 000 litres d'une huile industrielle de premier choix dont 700 proviennent du réservoir logé dans leur énorme tête.

Le cachalot est le seul cétacé à produire de l'ambre gris. Cette substance nauséabonde, rejetée par son estomac, est encore recherchée à prix d'or pour la fabrication... de parfum. Il est encore pêché de façon artisanale par des Antillais intrépides près de Moustique, aux Grenadines.

Whales

The only type of real whale to be found in the West Indies is the sperm whale, which differs from most other sorts in that it does not possess any baleen ("whalebone") but has small teeth about 8 inches long (everything being relative !). The sperm whale only uses its teeth to catch the giant deepsea cuttlefish which is its favorite food : the whale dives to a depth of over 2,500 feet to find these tasty tentacled tidbits and can hold its breath for up to 40 minutes. It isn't surprising that they "blow" so hard when they surface.

vers **Anquilla**
vers **Saint-Martin**

Ile de Tintamarre

0 1 2 km

Roche Plate

Ile Fourchue

Ile Pelé

Ile Boulanger

Ile Toc vers

La Poule et les Poussins

Ile Frégate

Roche Le Bœuf

Ile Bonhomme

Les Grenadiers

Ile de la
Pointe Petit Jean

Zone de pêche
dont il faut
se méfier

La Tortue

L'Ane Rouge

Les Baleines

Les Islettes
La Baleine

Saint Barthélemy

Le Pain de Sucre

Les Saintes

La Chaloupe

Fourmis

Ile Coco

Zone de pêche
dangereuse

Les ilets dépendants de
Saint-Barthélemy et les
iles voisines visibles des
plages.

Roches Rouges

vers **Saba**

vers **Saint-Eustache**

vers **Saint-Kitts**

A fine catch after half an hour of snorkel fishing : two rock lobsters and a handful of glasseye snappers.
Jolie pêche pour une demi-heure en apnée : deux langoustes « Brésiliennes » et une brochette de Juif Gros Yeux.

Blackbar soldierfish and sergeant major (with his stripes)
Monbin et Sergent-Major (aux trois galons).   Fr. B

Trumpetfish and yellowhead wrasse
Poisson-Trompette et yellowhead wrasse.   Fr. I

Long-spined urchin. Oursin-Diadème.   Fr. B

Flamingo tongue and rooster-tail conch
Monnaie Caraïbes et Strombe-Coq.

French angelfish. Poisson Ange.

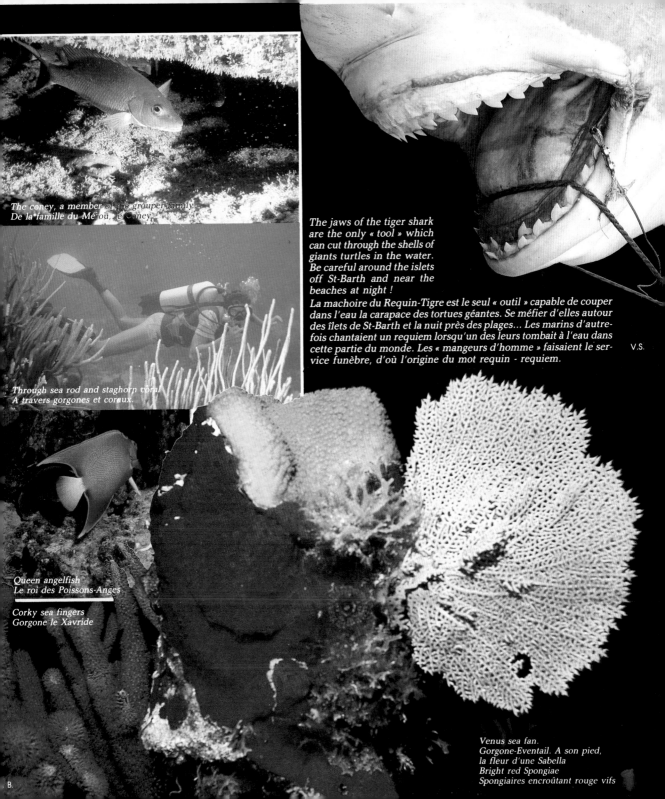

The coney, a member of the grouper family
De la famille du Mérou, le Coney.

Through sea rod and staghorn coral
A travers gorgones et coraux.

The jaws of the tiger shark are the only « tool » which can cut through the shells of giants turtles in the water. Be careful around the islets off St-Barth and near the beaches at night !

La machoire du Requin-Tigre est le seul « outil » capable de couper dans l'eau la carapace des tortues géantes. Se méfier d'elles autour des îlets de St-Barth et la nuit près des plages... Les marins d'autrefois chantaient un requiem lorsqu'un des leurs tombait à l'eau dans cette partie du monde. Les « mangeurs d'homme » faisaient le service funèbre, d'où l'origine du mot requin - requiem.

V.S.

Queen angelfish
Le roi des Poissons-Anges

Corky sea fingers
Gorgone le Xavride

Venus sea fan.
Gorgone-Eventail. A son pied,
la fleur d'une Sabella
Bright red Spongiae
Spongiaires encroûtant rouge vifs

B.

Les requins
Sharks

Oui, nous savons qu'il nous sera reproché de parler de ce sujet tabou à Saint-Barth comme partout ailleurs aux Antilles, depuis qu'il fait fuir les touristes, mais le danger est trop sérieux pour ne pas le signaler aux plongeurs près des Grenadiers et de l'île de Coco, la plus dangereuse, et aux nageurs et aux surfeurs des plages de Salines et de Gouverneur. Il faut rester sur ses gardes également autour de l'île « Le Bœuf », au large de Colombier, à l'ouest de St-Barth. Ailleurs ils sont rares mais il faut tout de même éviter de se baigner la nuit sur toutes les plages de l'île, c'est le moment que les squales choisissent pour s'approcher du rivage. De temps à autre des femelles viennent mettre bas près des rochers. En 1982, une femelle, sans doute désorientée par l'imminence de l'accouchement est venue s'échouer en plein jour sur la plage de Petite Anse de Galet. Il va sans dire que les habitants de Gustavia ne lui laissèrent pas l'occasion de regagner le large avec sa portée maudite.

We know that we are going to get into trouble for talking about sharks - the subject is taboo in St Barth as it is everywhere in the West Indies since sharks firghten tourists away. But the danger is too great not to warn divers near Les Grenadiers and Ile de Coco (the most dangerous place) and bathers and surfers on the Salines and Gouverneur beaches. You should also take care around ''Le Bœuf » island off Colombier, west of St Barth.

Sharks are rare elsewhere, but nevertheless avoid swimming from any of the island's beaches at night : this is when sharks tend to come inshore. Females sometimes come and give birth in the rocks. In 1982, one of them, probably disorientated because she was about to produce her young, became stranded on Petite Anse de Galet beach in daytime. It goes without saying that the inhabitants of Gustavia did not let her go back to the sea with her devilish brood.

La fuite plutôt que l'affrontement !

Plusieurs sortes de requins fréquentent les eaux de Saint-Barth : les « Dormeurs », les requins tigres, les requins blancs et les requins-marteaux. Les plus dangereux sont les deux derniers mais certains plongeurs estiment qu'ils ne sont vraiment agressifs qu'au-dessus de 3 mètres de long car ils n'attaquent que lorsqu'ils jugent que le rapport de force et de poids est en leur faveur, or leur système de vision leur fait voir les plongeurs sept fois plus gros qu'ils ne le sont vraiment.

Les requins ne possèdent pas d'appareil stabilisateur et sont obligés, pour ne pas couler, de nager continuellement, c'est pourquoi leur queue, leurs nageoires et leurs muscles en général sont beaucoup plus développés que ceux des autres animaux marins. Cette puissance physique leur permet des sprints à plus de 50 km/h, ajoutez à cela la réputation de leur mâchoire où s'alignent plusieurs rangées de scalpels tranchants (et « jetables » comme des lames de rasoir) et vous comprendrez qu'il est préférable lors d'une rencontre fâcheuse de ruser pour détourner l'attention plutôt que de choisir un face à face perdu d'avanc

Iréné, le fondateur, trésorier et membre très actif du club plongée de Gustavia, s'est senti pris au piège des requins tro fois dans sa vie. A chaque fois, c'est en leur abandonnant so tableau de chasse de langoustes ou de « perroquets » qu'il réu sit à se tirer d'affaire en s'éloignant calmement de leur festi pourtant, les « requins blancs » et les « marteaux », il les conna depuis toujours et si Iréné est considéré à St-Barth comme le guid explorateur le plus sûr et le gardien des fonds marins, il sait bie lui, qu'il n'est pas le maître des lieux, et pourrait prendre à so compte cette remarque de Cousteau :

« Plus je côtoie et observe les requins, moins je les conna mais ils resteront pour toujours des maudits ».

Le requin « dormeur », ou « requin-vache » est le seul mer bre de la famille à être jugé inoffensif. Il ne possède pas l mâchoire épouvantable de ses cousins et il passe tout son temp immobile, allongé sur les fonds sableux ou dans les grottes. Da certaines îles de la Caraïbe, les enfants des pêcheurs aiment taquiner près des plages en leur grimpant sur le dos !

Une autre créature hallucinante fait partie de la famille ces prédateurs indésirables : la raie Manta. Le « vol » de la man est un spectacle extraordinaire et plein de grâce qui reste grav à vie dans les souvenirs de tout plongeur. Elle plane littéraleme dans l'eau tel un gigantesque cerf-volant carré en caoutchou Malgré ses mensurations impressionnantes vous n'avez rien craindre d'elle, elle est à peine capable d'avaler des crevette

Discretion is the better part of valor !

There are several types of shark in the waters around S Barth : ''Dormeurs''', tiger sharks, white sharks and hammerhea sharks. The last two are the most dangerous, but some divers con sider that they only risk becoming really aggressive when the get to be over nine feet long, because a shark will only attac when it judges that the strength and weight ratio is in its favour in addition, because of their visual system, sharks see divers seve times as large as they really are. Sharks have no stabilizing syster and they have to swim all the time in order not to sink.

Thus their tails, fins and muscles in general have becom much more developed than those of other marine animals. shark can ''sprint'' at up to 30 miles per hour. Add to th reputation of their jaws with several rows of razorsharp teeth an you'll understand why it is better to try to use cunning to dis tract a shark's attention if you should meet one rather than tr a stand-up fight that you are certain to lose !

Iréné was the founder of Gustavia diving club and is nov the treasurer and a very active member. He has been trappe by sharks three times in his life, and managed to get away eac time by leaving them his catch of lobsters or parrot fish an drifting calmly away from the feast. Iréné has known hammer head and white sharks all his life and although he is considere

A few simple rules to reduce danger from sharks

- Do not swim or dive unaccompanied.
- Do not swim at night and do not swim in very dark water during the day.
- Do not stay in the water if you have a scratch that is bleeding.
- If you see a shark, keep calm and do not splash wildly. Swim away quietly towards a boat or a beach.
- If a shark comes near you, hit it on the nose with a heavy object. Don't use your fist because shark's skin is rough and will make you bleed.
- Never attach harpooned fish to your belt. Take your catch out of the water immediately or tie it to a line at least 10 yards long and trail it behind you.
- Don't tease or harpoon a shark, however small and inoffensive it may look.
- Don't trail arms or legs from a rubber mattress or boat.

Quelques règles à observer pour diminuer le danger résultant de la présence des requins

- Ne pas nager ni plonger sans être accompagné.
- Ne pas nager la nuit, ni le jour dans les eaux très sombres.
- Ne pas s'attarder dans l'eau si on est blessé au point de saigner.
- Garder son sang froid et ne pas se débattre à la vue d'un requin, s'éloigner calmement en nageant vers un bateau ou une plage.
- Si un requin s'approche, le frapper sur le muffle avec un objet lourd. Ne pas utiliser son poing, sa peau est rugueuse, elle vous ferait saigner.
- Ne jamais conserver de poissons harponnés à votre ceinture : embarquez-les sitôt pêchés ou laissez dix bons mètres de fil entre vous et votre tableau de chasse.
- Ne pas agacer ni harponner un requin, si petit ou inoffensif qu'il paraisse.
- Ne pas laisser pendre bras ou jambe au bord d'un matelas pneumatique ou d'un bateau.

to be the most reliable guide and guardian of the underwater world of St Barth he knows very well that he is not the king of deep ; he could aptly use this phrase by Cousteau : *"The more I am in contact with sharks and the more I observe them the less I know them, but they will always be accursed beasts".*

The "dormeur" or "requin-vache" is the only member of the family considered to be harmless. It does not have its cousins' fearsome jaws and it spends its time motionless on the sandy sea-bottom or in caves. In some Caribbean islands fishermen's children try to get these fish near the beach and then climb on their backs !

The amazing manta ray is a member of the shark family too. The "flight" of a manta ray is a fantastic, graceful sight that a diver will remember all his life. Manta rays litterally glide through the water like gigantic square rubber kites. They are not dangerous, in spite of their impressive size their mouths are only just big enough to swallow shrimps.

Corail « Cerveau de Vénus »

Chirurgien

Tortue Verte

Les barracudas

Ces gros « brochets » des mers tropicales n'ont, eux non plus, pas bonne réputation mais ils sont en réalité plus curieux qu'agressifs.

Evitez simplement, comme pour le requin, d'accrocher à votre ceinture, ou trop près de vous, les poissons *sanguinolants* que vous venez de tirer, et de montrer trop votre panique à leur rencontre. Leurs charges assez rares, sont généralement des simulacres pour tester votre courage. Ils s'éloignent aussitôt après, ce sont les rois de « l'esbrouf ».

Barracudas

Barracudas do not have a very good reputation either, but in fact they are more inquisitive than agressive.

As for sharks, avoid hooking *bleeding* fish that you have just caught to your belt or keeping it near you, and don't show your fear if barracudas should come by. They very rarely strike and when they do it's usually a feint to test your nerves before they swim off. They are big swanks.

Le requin-marteau et son « poisson-pilote », le rémora.
A hammerhead with a remora, its "pilot-fish".

Les îlets de Saint-Barth
Islets off St Barth

Pourquoi vouloir parler de ces îlets rocailleux dans ce guide ?

Il y a bien assez de lieux de promenade sur Saint-Barthélemy pour ne pas aller traîner nos espadrilles sur ces cailloux, d'autant qu'au creux de chaque anse de l'île, des plages toutes superbes, nous offrent leur sable blanc et chaud et des baignades incomparables !

C'est vrai qu'il est doux de se laisser flotter à la surface d'une eau délicieusement tiède, les doigts de pied en éventail, et de philosopher, les yeux rivés sur le profond de l'azur. Mais l'horizon que l'on voudrait infini pour compléter ce tableau et pour avoir le sentiment d'être le seul à profiter de ce paradis du bout du monde, est cassé.

— Cassé juste devant vous par les gerbes d'écume qui jaillissent des roches invisibles ensevelies par les coraux,

— cassé plus loin par les masses plus ou moins rondes d'îlets couverts de cactus agressifs et hantés de chèvres fantomatiques et d'iguanes aux formes monstrueuses,

— cassé enfin par la silhouette bien découpée des îles voisines, plates ou volcaniques, toutes différentes les unes des autres, par leur histoire, leurs coutumes, leur économie, leur langue et leur statut politique.

C'est parce que ces îlets font partie intégrante du paysage et qu'ils n'échapperont à aucun de vos regards sur la mer que nous avons eu envie de lever le voile sur eux.

Loin d'être des lieux de mort où planent de lugubres légendes comme la désolation de leur paysage pourrait le faire penser, les îlets proches de Saint-Barthélemy sont au contraire des centres de vie, autant sur terre, dans la mer que dans les airs.

Pour commencer, il convient de décrire les plus petits écueils, puis d'enchaîner sur les plus gros, et de terminer en présentant les îles voisines. Aussi ne soyez pas surpris si les baleines démarrent ce passage en revue.

Why bother to talk about these rocky islets in the guide !

There are plenty of walks in St Barthèlemy itself without having to go and scramble about on the rocks, especially as the beaches are superb in every little bay in the island ; their white sand is warm and the swimming is marvellous.

It's nice to just let yourself float in the deliciously warm water and just meditate, with your eyes fixed on the deep, deep blue above. But the infinite horizon which would complete this picture is broken :

— first just in front of you by showers of spray which fountain upwards from from the coral-covered rocks,

— then broken further off by the curved shapes of the islets covered by aggressive cacti and haunted by ghostly-looking goats and weirdly-shaped iguanas ;

— and finally broken by sharp silhouettes of the neighboring islands, flat or volcanic, all with different history, customs, eco-

nomies, languages and political status.

Whenever you look at the sea you'll see the islets and th will make you want to find out more about them. Far from bei the desolate places they look and which you might imagine pe pled with lugubrious legends, the islets off St Barthélemy tee with life on the land, in the sea and in the air above.

We start with the smaller reefs, then talk about the larg ones and finally cover the neighboring islands. So don't be su prised when we start with "whales".

Les baleines

Le mot « baleine » est couramment employé dans toute Caraïbe pour désigner un récif qui affleure à peine de l'eau sorte qu'il puisse, avec de l'imagination, ressembler au dos d'u baleine immobile. Ce sont des récifs redoutables pour les na gateurs, le capitaine du bateau à vapeur français « La Virgini a fait la triste expérience, au début de ce siècle en rentrant da la rade paisible de Gustavia, de venir percuter de plein fouet « Baleine » situé à 300 mètres à l'est des Islettes, face à la pla de Public. L'épave toute disloquée de ce navire est encore app rente au même endroit. Elle est visitée par les plongeurs.

Une deuxième baleine est notée non loin de là, près du pit rocheux nommé pompeusement « Pain de Sucre » pour rappel que des plus jolies rades des Amériques en sont pourvues, tell celles de Rio de Janeiro et plus modestement celles de Terre-d Haut aux Saintes. Face à Grand-Fond, une troisième baleine transformé son nom sur les cartes de façon miraculeuse pour dev nir « Fourmis » ! Les Saint-Barths, par précaution pour leu marins ou par respect envers ce gros caillou, continuent à l'appel « La Baleine de Grand Fond ».

Whales

The word "baleine" (whale) is commonly used throughou the Caribbean to indicate a reef - the whaleback type which hard! stick out of the water at all and which, with a bit of imaginatio might be said to resemble the back of an immobile whale.

These reefs are a danger to navigation, as is demonstrate by the wreck of a French steamboat called the "Virginie" whic ran aground on "La Baleine" when she was coming into Gusta via harbour at the beginning of this century. The reef is 300 yard east of the "Islettes" opposite the beach in the district calle "Public".

Depending on the time of year and movements of the sea be you can still see the dislocated wreck of the ship in the place sh went aground ; fisherman often go to the spot.

There is another of these reefs not far from this spot, nea the rocky spur which is rather pompously called "Pain de Sucre (Sugarloaf) as in the prettiest bays of the Americas such as Ri de Janeiro and, to a lesser degree, Terre de Haut in the Iles de Saintes.

A third "baleine" reef off Grand-Fond has had its name transformed rather curiously into "Fourmis" (ants) although the two animals are not at all the same size. However, local seamen still call it "Baleine de Grand-Fond" out of respect for these large rocks.

Devant Gustavia

D'autres roches sont également de faction à l'entrée de la rade de Gustavia : les « Islettes » ou « Gros Ilets » (23 et 29 mètres de haut) la « Roche Caille », le petit groupe de récifs appelé, on ne sait plus pourquoi, « Les Saintes » et plus loin le « Pain de Sucre » qui s'élance fièrement à plus de 50 mètres hors de l'eau. Ce sont tous de véritables perchoirs à oiseaux. Les Islettes et le Pain de Sucre sont les lieux de nidification privilégiés de plusieurs espèces d'oiseaux marins qui peuplent le ciel de Saint-Barth : le fou de bassan noir, appelé « balaou » en créole et le pélican brun, dont nous reparlerons plus loin, tous deux d'excellents plongeurs. De nombreuses frégates se posent sur ces mêmes sommets, mais elles préfèrent pondre près de Saint-Thomas ou sur l'îlet qui porte leur nom au large de la baie de St-Jean.

Au nord de l'île, face au plages de Flamands, de l'Anse des Cayes et de St-Jean sont plantés dans les embruns trois gros îlets

à quelques centaines de mètres du rivage : l'île « Bonhomme », l'île « Frégate » et l'île « Toc Vers ».

Off Gustavia

There are also other rocks guarding the entrance to Gustavia harbour. These are the "Islettes" or "Gros Ilets" (75 and 95 feet high), "Roche Caille", a small bit of reef which is for some unknown reason called "Les Saintes" and then, further out, the "Pain de Sucre" (Sugarloaf) which proudly reaches 160 feet above sea level. All these rocks form fine perches for birds.

Les Islettes and Pain de Sucre are important nesting grounds for several of the seabirds of Saint Barthélemy : the booby - known as the "balaou" in Créole - and the brown pelican, which has already been mentioned (see Contents), both of which are excellent divers. A lot of frigate birds perch on these rocks too but prefer to nest near Saint Thomas or on "l'île Frégate" (Frigate Island) off Saint Jean bay (see below).

In the north of the island there are three large islets wrapped in spindrift off the beaches of Flamands, Anse des Cayes and St Jean. Their names are "Ile Bonhomme", "Ile Frégate", and "Ile Toc Vers".

L'île Bonhomme

L'île Bonhomme doit, sans doute son nom au sieur « Bonhomme » qui installa dans les années 1650 une colonie de Français sur Saint-Barthélemy malgré les attaques répétées des guerriers caraïbes. Lassés de se faire boucaner par ces terribles cannibales, les Espagnols avaient abandonné à qui en voulait bien, l'ensemble de St-Barth ainsi que les chèvres qu'ils avaient amenées d'Espagne et acclimatées sur place pour garnir leurs saloirs.

Ces cabris revenus à l'état sauvage, ont proliféré joyeusement sur cette terre aride, et on pense que ces premiers Français auraient, en s'installant sur l'île, parqué une partie de ce bétail sur les îlets avoisinants.

L'île Bonhomme, large et massive, offrait à ces animaux tous les cactus qu'il leur plut de croquer, si bien qu'une trentaine de leurs descendants hantent encore les pentes de l'île et que sur plusieurs cartes marines, le rocher est nommé « île chevreau ». Les cabris sauvages sont, en principe, protégés par des décrets municipaux à St-Barth, mais cela n'empêche pas certains chasseurs de débarquer sur « Bonhomme » et d'y causer de véritables hécatombes pour le simple plaisir de griller des cartouches. Des plaisanciers peu scrupuleux profitent aussi de ce bétail sans défense pour se faire des « méchouis » à peu de frais, mais là on comprend mieux... à condition d'aimer la viande coriace !

Sur l'îlet Bonhomme, traînent aussi des créatures inquiétantes : les iguanes.

Ile Bonhomme

Bonhomme island was doubtless named after a gentleman called Bonhomme who installed a French colony on Saint Barthèlemy in the year 1650 in spite of repeated attacks by Carib warriors. The Spaniards were fed up with being hunted down by these terrible cannibals and had abandoned the whole of St Barth and the goats they had brought from Spain and introduced there to anyone who wanted the place. The goats had gone wild and had proliferated joyfully. It is thought that the first French colonists kept some of the animals on the nearby islets.

Bonhomme island is large and massive and provided more than enough cacti for the goats to browse ; about thirty descendants of these goats still haunt the slopes of the islet which figures on several charts as ''Ile Chevreau'' (Kid Island). In theory wild goats are protected by municipal legislation, but this doesn't stop some hunters from landing on Ile Bonhomme and slaughtering the animals just for the pleasure of firing off cartridges. A number of unscrupulous yachtsmen also take advantage of the defenseless creatures to have a barbecue on the cheap. This is easier to understand - if you like your meat tough !

Ile Bonhomme is also the home of that disturbing creature the iguana.

L'île Frégate

Cette île peu élevée est constituée par deux massifs, reliés entre-eux par un cordon de sable blanc, vous ne manquerez pas d'apprécier l'ombre des six cocotiers, plaisir rare sur les îlets.

Vous l'aurez sans doute deviné, l'île doit son nom à la colonie de frégates qu'elle abrite depuis toujours sur ses flancs. Autrefois les pêcheurs ne pouvaient pas approcher de l'îlet tellement les attaques de ces grands oiseaux majestueux étaient dissuasives.

Aujourd'hui les abords de ce rocher ne présentent plus de risque majeur, le nombre des frégates qui y nidifient est en nette régression, il semble qu'elles aient préféré, pour couver leurs petits, le calme d'une petite île près de St-Thomas, d'autant que des « pique-niqueurs » sans vergogne ont pris l'habitude de dénicher des œufs pour les gober.

Ile Fregate

This is a low island made up of two lumps of land connected by a strip of sand. You're sure to appreciate the shade given by the six coconut palms which grow there - shade is a rare commodity on the islets. As is obvious, the islet owes its name to the colonies of frigate birds which have always lived there.

Attacks by these large majestic birds used to prevent fishermen from approaching the island. There is no serious risk in the neighbourhood of this rock today ; less and less frigate birds nest there. They seem to prefer to bring up their chicks on a peaceful little island near St Thomas, particularly as ''picknickers'' have acquired the habit of shamelessly robbing the nests in order to eat the eggs.

Toc Vers

C'est un ensemble de trois îlets et d'une poignée de récifs. L'île centrale, la plus élevée (43 mètres) a son sommet couvert de végétation, même pendant les périodes de sécheresse. Il faut voir là l'origine du nom de l'île : le « toc », désigne en créole, le sommet, le chapeau de quelque chose ou d'un morne, le mot « vers » est peut-être une déformation orthographique de la couleur de sa végétation.

Quoi qu'il en soit les plantes s'entremêlent sur ce rocher pour constituer un ensemble épineux plutôt agressif : les cactus-cierges se dressent fièrement au-dessus des tapis de pourpiers parsemés de cactus-tête-à-l'anglais, et sèment pour le malheur des promeneurs inattentifs, ses branches mortes couvertes de piquants d'une rigidité extrême, capable de venir à bout des semelles les plus épaisses. Mais le cactus dont il faut se méfier le plus sur l'îlet est la « raquette blanche ». A son approche, elle « attaque » littéralement les passants en leur lançant des « raquettes » couvertes d'épines qui se cassent et restent plantées sur vous en vous garantissant les douleurs les plus cuisantes !

Heureusement cette espèce est rare et ne se rencontre nulle part ailleurs que sur cette île, alors que les autres espèces citées sont communes partout à Saint-Barthélemy.

Cactus-raquettes

Ile Fourchue

Toc Vers

This is made up of three small islands and a scattering of reefs. The middle island is the highest (141 feet) and its summit is crowned with vegetation even during dry periods. The Créole Word "toc" means the top or summit of a hill or other thing ; "vers" is perhaps a distorted form of the French "vert" (green) ; this gives a good description of the island.

The dense entwined plant growth on the island is pretty spiky : torch cacti stand proudly above a carpet of purslane scattered with fat Turk's-cap cacti and drop dead branches covered with extremely rigid spines that will go through the thickest soles. Walkers, beware ! However, the most vicious of the cacti on the island is an opuntia known locally as the "raquette blanche" (white racket) which literally attacks passers-by by hurling racket-shaped leaves covered with spines at them ; these spines break off, leaving the points stuck in your flesh, guaranteeing the most exquisite pain !

Fortunately, this is a rare species and is only found on this islet while the other cacti mentioned are common everywhere in Saint Barthèlemy.

Devant la plage de Colombier

C'est devant la plage de Colombier, face à l'ancienne résidence d'été des Rockefeller que l'horizon s'encombre le plus. En premier plan se présentent les rochers et les îles de « la Pointe-Petit-Jean » et l'« Ane Rouge », à gauche de la plage. Si l'« Ane Rouge » ne ressemble en rien à un bonnet d'âne ou à quoi que ce soit, Pointe-Petit-Jean aurait pu s'appeler « la Tortue » tellement elle en a pris la forme. Ce sont de très beaux coins de pêche malgré la présence en grand nombre des barracudas, même à faible profondeur.

Restons sous l'eau pour signaler sur le sable de l'Anse de Colombier, et des Anses Gascon et Gros Jean l'abondance des lambis, des casques et des étoiles de mer musclées appelées « coussin de mer », pendant trois mois de l'année entre 15 et 20 mètres de fond. Le reste du temps ils s'enfouissent dans le sable.

En deuxième plan figurent les îles « Le Bœuf » à l'ouest et l'îlet « Pelé » et « Le Boulanger » à l'est. Attention aux requins pour le bœuf, les embruns et les alizés n'ont pas permis à la végétation de s'agripper sur les deux autres îles et il faut beaucoup d'imagination pour trouver une ressemblance entre Le Boulanger et une quelconque miche de pain... peut-être à la rigueur verrons-nous un croissant au beurre !...

Viennent ensuite plus à l'ouest, un petit archipel constitué d'une île allongée suivie de sept petits rochers en file indienne que l'on a nommé spontanément « La Poule et les Poussins ».

Ces « gallinacés » sont des relais très fréquentés par les oiseaux migrateurs. A certaines époques ils sont complètement recouverts par ces voyageurs fatigués. Belle entraide entre ces différents animaux à plumes ; et vers l'est, « l'île Fourchue » et « Roche Plate » ou « Roche table » ou encore « Table à diable » l'île choisie par tous les fous de Bassans pour nidifier.

Off Colombier beach

There are more rocks and islets off Colombier beach - opposite the Rockefellers' former summer place - than anywhere else. The rocks and islands called "Pointe-Petit-Jean" and "Ane Rouge" (Red Donkey) are nearest in on the lefthandside of the beach. "Ane Rouge" doesn't look anything at all like a donkey, but Pointe-Petit-Jean could have been named after the turtle that it resembles so closely. These are very good spots for fishing, in spite of all the barracudas that are there, even in shallow water.

Still under the water, but at the bootom this time, it is worth mentioning that there are lots of conch-shells, helmet shells and fat starfish on the sand for three months of the year at a depth of 50 to 65 feet at Anse de Colombier, Anse Gascon and Anse Gros Jean ; these creatures burrow into the sand the rest of the time. Further out, you can see "Le Bœuf" island to the west and "Pelé" and "Le Boulanger" (the baker) to the east. Beware of sharks around Le Bœuf. Spray and wind have prevented any vegetation growing on the other two islands, and you need a great deal of imagination to find any resemblance between "Le Boulanger" and a loaf of bread. Maybe if you make a real effort it might look something like a *croissant*.

Then further west there is a small archipelago consisting of a long, thin island followed by seven small rocks one behind the other. These are referred to as "La Poule et les Poussins" (the hen and chicks). These stony birds are often used by real birds and at certain times of the year the islets are literally covered with tired migrants - a fine example of ornithological cooperation !

In the east you can see "Ile Fourchue" and a rock called "Roche Plate" (flat rock), "Roche table" or "Table à diable" (devil's table) where all the boobies nest.

Devant les Cul-de-Sac

Face à la partie au vent de l'île de nombreux petits rochers dessinent des « dents » sur l'horizon : « Les Grenadiers » et la « Tortue » devant la plage de Grand-cul-de-sac, « Les Fourmis », « Le Grenadier » et les « Roches rouges » devant Grand Fond et l'île de « Coco » devant Grande Saline.

Ces îlets n'offrent guère d'intérêt sur leurs sommets, salés perpétuellement par les embruns. Les îles de « La Tortue » et de « Coco » ont des noms trompeurs. Même si de doux rêveurs sont encore plongés dans les « bip bip » de leur « poêle à frire », à la recherche de trésors enfouis à Saint-Barth, aucun rapport n'a été établi entre ces deux îles et la flibuste. L'île « Coco » et son fabuleux trésor des incas caché, dit-on, par les conquistadors espagnols, est une île située au large du Vénézuela, quant à « La Tortue », le repère des « frères de la Côte », elle est toujours plantée au nord d'Haïti, devant Port de Paix.

Non, la vie de ces îlets n'est pas sur terre, elle est sous l'eau... et c'est bien de dents qu'il s'agit : pas des dents de l'horizon, mais plutôt de celles qu'on a pris l'habitude, depuis un certain film-catastrophe, d'attribuer à la mer !... les requins !

Ile de la Pointe Petit-Jean

Off Cul-de-sac beaches

An array of small rocks stick up like teeth from the sea on the windward side of the island : "Les Grenadiers" and "La Tortue" are off Grand-cul-de-sac beach and then there are "Les Fourmis", "Le Grenadier" and "Les Roches Rouges" off Grand Fond and "Coco" island off Grande Saline.

These salt-splashed islands are of no particular interest, even though their names have led to false hopes of buried treasure. There are still optimists wandering around St Barth listening earnestly to the "beep beep" of their metal detectors although no link between buccaneering and these islands has ever been proved. The conquistadors are supposed to have buried Inca treasure on an island called "Coco", but it is off the coast of Venezuela, and the "Turtle Island" (Ile Tortue) which served as a pirates' hideout is still firmly anchored north of Haiti off Port de Paix.

The bustling activity of these little islands is not on them but in the water around them. And the locals are not buccaneers or conquistadors but sharks !

L'île Fourchue

Le nom de l'île vient sans doute de ses pitons rocheux élevés et bien séparés entre eux par des "vallées" ce qui la fait ressembler à une fourche dressée vers le ciel.

Cette île en fer à cheval offre aux plaisanciers un superbe mouillage vers le sud. Les voiliers s'y bousculent certains weekends. La semaine c'est le royaume des cabris sauvages. Plus de 200 têtes broutent les raquettes douces et les têtes à l'anglais et gardent 24 heures sur 24 les restes de l'habitation d'un certain « Bigar », un breton épris de solitude. La tombe qu'il s'était préparée sur place et où, en fin de compte, on l'enterra après de nombreuses années vécues à la Robinson Crusoé, était recouverte d'une belle plaque de marbre... Quelqu'un l'emporta. Il ne reste plus maintenant de son domaine que la ruine de sa citerne, les cactées, et les papiers gras des visiteurs.

Au-delà de l'île Fourchue, se détachent parfaitement sur le ciel, les crêtes volcaniques de Saint-Martin, l'île sœur de Saint-Barth (le Naked Boy Hill : 300 m, le Flagstaft : 392 m, le Paradise Peak : 424 m et le Red Rock : 265 m).

Ile Fourchue

The name of this island ("forked island") doubtless comes from the high rocky peaks separated by "valleys" which make it look like a fork sticking up in the air.

The island is horseshoe-shaped and provides a superb south-facing anchorage for yachtsmen. It gets to be quite crowded with sailboats at some weekends. During the week there are only wild goats. Some 200 of these spend their time munching cactus and guarding the ruins of a house that belonged to a certain "Bigar", a Breton who chose to live there all alone. The tomb that he built there, and in which he was finally buried after many years of

a Robinson Crusoe style life, used to be covered by a fine slab of marble. Somebody stole it. Now all that's left of Bigar's kingdom are the ruins of his cistern, the cacti and the trash dropped by visitors.

Beyond Ile Fourchue, the volcanic peaks of St Martin - St Barth's sister-island - stand out against the sky (Naked Boy Hill : 984 ft. : the Flagstaff : 1286 ft. ; Red Rock : 869 ft.).

Tintamarre

Au nord-est de Saint-Martin s'allonge au ras de l'eau « Tintamarre », l'ancienne base aérienne du pionnier de l'aviation, de ce côté des îles, M. de Henen.

Il fallait un certain culot de la part de cette personnalité de Saint-Barth pour oser atterrir sur la petite prairie située au centre de l'île. L'épave récente d'un petit avion de tourisme atteste en bout de « piste » de la difficulté de la manœuvre., Mais M. de Henen n'en était pas à son premier exploit avec son extraordinaire « Dornier spécial à décollage court D028 » (lisez ou relisez pour cela le chapitre 46 de « Secouons le cocotier » de Jean Raspail). C'est lui qui inaugura la plaine de St-Jean de son train d'atterrissage avec un 2 places « Rearwing » en septembre 1945. Aujourd'hui les 200 hectares de Tintamarre sont déserts, mais à la grande époque « de Henen » une petite colonie d'une vingtaine de personnes travaillait à l'installation de cette « base d'aviation »... Par suite d'une série d'accidents, l'îlot fut abandonné aux raquettes et aux cabris. Les derniers vestiges de la base furent rasés par les cyclones de 1956 et 1960.

Enfin, en arrière plan, derrière Tintamarre, et si le ciel n'est pas brumeux, on peut encore apercevoir de la plage de Colombier la longue bande de terre qui constitue Anguilla.

Tintamarre

If you look north-east of St Martin you will see the low flat shape of "Tintamarre", where an airstrip was established by Monsieur de Henen, a pioneer of aviation in the West Indies.

De Henen was a prominent local figure and must have had considerable nerve to land on this little field. The recent wreckage of a small plane is proof of how difficult it is to maneuvre at the end of the runway. However, de Henen had had plenty of practice with his extraordinary "Dormier D028 short take-off special" (see chapter 46 of Jean Raspail's "Secouons le cocotier"). It was de Henen who inaugurated St Jean airfield with a 2-man "Rearwing" in September 1945. The 500-acre Tintamarre airfield is deserted today, but at the height of the "de Henen" era some twenty people used to work there.

After a series of accidents the island was left to the prickly pears and the wild goats. The remaining traces of the installations were flattened by hurricanes in 1956 and 1960.

Finally in clear weather, from Colombier beach you can see the long silhouette of Anguilla way off beyond Tintamarre.

Anguillan folk group
A.D.T.

Nearby islands

LES ILES PROCHES

On peut facilement visiter plusieurs autres îles à partir de St-Barth, soit pour la journée, soit pour un séjour plus long. Avions charter et lignes régulières desservent ces îles très variées en ce qui concerne histoire, traditions et ambiance. Renseignements sur les transports aux guichets de l'aéroport et à la marina de Gustavia.

NEARBY ISLANDS

Several other islands can be visited from St Barth, either for the day or for a longer stay. Each one has its own history, traditions and atmosphere. Charter flights and boats and regular services are available from St Barth. Ask at the airport and at the Marina in Gustavia.

Anguilla

5 miles north of St Martin, Anguilla is 16 miles long and a maximum of 3 miles wide. Total area is 35 sq. miles. Population is about 7,500. There is hardly any rain and vegetation is mainly scrub ; there are few tall tress, and the whole island is flat.

Anguilla has a very special, slightly old-fashioned charm, with something of the atmosphere of Ireland or Wales in the 1950's. Where the light is crystal clear and unshadowed making any color vibrate. It's the sort of place where you sometimes have to look at a store twice before being sure that it really is a store. Where you drive on the left. Where it is wise to take a sleeping bag and three picnic meals if you want to do business at the bank. Where the capital (the Valley) is just a scattering of buildings with fields in between. Where expatriate Englishmen devour eggs and bacon at midday when it's over 90° in the shade. Where people from St Martin go to unwind. Where schoolgirls wear green uniforms. Where there are cricket matches on Saturdays and Sundays. And above all where the people hold their heads high and are proud of being Anguillan.

Située 8 km au nord de St-Martin, Anguilla est longue de 26 km et large de 5 km au maximum, avec une population d'environ 7 500 habitants seulement. Il ne pleut presque jamais et la végétation se compose principalement d'arbustes, avec peu de grands arbres. C'est une île très plate.

Anguilla a un charme très spécial, un peu vieillot. La lumière y est claire, sans ombre et toute couleur vibre. C'est l'île où il faut parfois regarder un magasin deux fois pour savoir si c'est vraiment un magasin. Où on conduit à gauche. Où on est bien avisé de prendre sac de couchage et pique-nique si on a l'intention d'aller à la banque. Où la capitale (The Valley) consiste en quelques bâtiments disséminés dans les champs. Où des Anglais expatriés engouffrent des « bacon and eggs » à midi par 35° à l'ombre. Où les habitants de St-Martin vont se décompresser. Où les écolières portent des uniformes verts. Où les matches de cricket se déroulent le samedi et le dimanche. Et surtout où les habitants tiennent la tête haute et sont fiers d'être Anguillans.

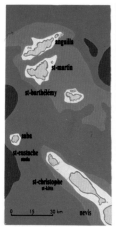

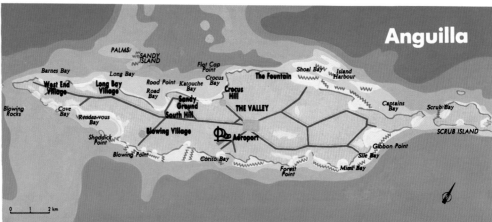

Anguilla

S.B.

Brightly-colored little houses...
Des petites maisons de bois colorées...

...typically British atmosphere...
...une ambiance typiquement britannique...

...and the island's famous beaches.
...et des plages qui font la renommée de l'île.

The Republic of Anguilla

Anguilla has been British since it was colonized in 1650 by settlers from St Kitts. Today, most Anguillans are descendants of slaves imported to work the sugar plantations, or of Irish or English ancestry. The island's thin soil led to the failure of most of the plantations, and today a high proportion of Anguillans own a patch of their own land.

From the early 19th-century on, Britain administered Anguilla through political structures in St Kitts, to the continued discontent of Anguillans who where very much a ''poor relation'' of the richer sugar-producing island. In 1967, when Britain gave St Kitts-Nevis-Anguilla independence, Anguilla lost patience, ordered St Kitts policemen off the island and refused to recognize the authority of the new government. The Union Jack was hoisted, the airport runway blocked with oil drums and preparations made to fight an invasion. A republic was then declared (its address was P.O. Box 43, Marigot, St Martin !). The New York Times reported in August 1967 that Aristotle Onassis had offered Anguilla a million dollars as he was interested in using ''the new red and green flag of the ''Republic of Anguilla'' as a flag of convenience for his ships'', and Anguillan approaches to the U.S.A. were reported worldwide. The British even parachuted in a peace-keeping force in 1969. Finally, the question was settled without bloodshed with Britain taking the island under her wing again in 1971. A new constitution became law in 1976 and included an elected legislative assembly for the island.

La République d'Anguilla

Anguilla est britannique depuis la première colonisation en 1650, par des gens de St-Kitts. Aujourd'hui, la plupart des habitants descendent des esclaves importés par les plantations, ou d'Anglais ou d'Irlandais. Le sol maigre de l'île n'a pas réussi aux plantations, et aujourd'hui bon nombre d'Anguillans sont propriétaires d'un lopin de terre.

A partir du début du 19e siècle, Londres administrait l'île à travers les structures politiques de St-Kitts, au mécontentement d'Anguilla, « parent pauvre » d'une île sucrière riche. En 1967, quand l'Angleterre accorda l'indépendance au groupement St-Kitts-Nevis-Anguilla, l'île perdit patience, se débarrassa des quelques policiers représentant St-Kitts et refusa de reconnaître l'autorité du nouveau gouvernement de Basseterre. La population hissa le « Union Jack », bloqua la piste de l'aéroport avec des bidons et attendit une éventuelle invasion de pied ferme. Une république fut alors déclarée (son adresse : B.P. 43, Marigot, St-Martin !). Le New York Times rapporta au mois d'août 1967 qu'Aristote Onassis, intéressé par le nouveau drapeau rouge et vert comme pavillon de complaisance, avait proposé à l'île un million de dollars, et des approches d'Anguilla auprès des U.S.A. furent longuement commentées par la presse internationale. Les Anglais envoyèrent finalement des paras en 1969 et la question fut réso-

lue, sans effusion de sang, en 1971. Anguilla est de nouveau te ritoire britannique mais dispose d'une assemblée élue sur l'î

What to do on Anguilla

Anguilla is still not swamped with tourist facilities (not t least of its charms). It is mainly a beach island (33 of them). Sho Bay (with villa accomodation, scuba facilities and Happy Jack Bar) is generally considered to be the finest, but try Rendez-vo Bay, Cove Bay, Maunday's Bay and Meads Bay. Sandy island popular as a picnic spot, and fishing outings can be arrange through your hotel. Watersports are available at several plac on the island, as are charter boats, facilities like gastronomy a snorkeling day trips on the beautiful 52-foot *Baccarat* owned b Americans Marc and Alison Hodder (information at Johnno beach bar, Road Bay) and diving equipment.

Anguilla is famous for the races held with the beautiful locall built racing boats. The main races are on Anguilla Day (May 30th and during Carnival in the first week of August.

A faire à Anguilla

L'île n'est pas suréquipée pour le touriste (ce qui fait parti de son charme). Des 33 plages, on considère généralement Sho Bay comme la plus belle (villas, plongée, Happy Jack's Bar, ma essayez Rendez-vous Bay, Cove Bay, Maunday's Bay et Meac Bay. Sandy Island est un lieu coté pour les pique-niques, et votr hôtel peut organiser des sorties de pêche avec des Anguillan On peut profiter de sports nautiques à plusieurs endroits, de bateaux sont à louer, ou bien on peut sortir pour une journée d « snorkelling » et farniente sur le beau *Baccarat* d'Alison et Mar Hodder (renseignements à Johnno's Beach bar, Road Bay).

Les courses de bateaux anguillans sont célèbres. Dates prin cipales : le 30 mai et pendant la première semaine du mois d'aoû (carnaval).

Practical information

Transportation : Anguilla has lots of friendly taxi drivers who work on a rota system from Blowing Point. There is a fixed fare system as on St Martin.

Automobiles and mopeds can be rented on the island. You must take out a tempo rary driver's licence (US $ 6), available from the rental company or from police head quarters and remember to drive on the left. There are 4 traffic lights.

Restaurants : The range runs from informal Smitty's Seaside Saloon (Island Harbour to the quiet Caribbean elegance of The Warden's Place (The Valley), and from th enthusiastically gastronomic Fish trap (Island Harbour) to the elegantly French Ma liouhana, not forgetting Roy's Place on the beach at Crocus Bay where homesic Englishmen get stuck into fish and chips.

Accommodation : From simple guest houses to luxury establishments like the Ma liouhana Hotel above Meads Bay through the family style Cinnamon Reef hotel Little Harbour, the attractive Mariners Hotel at the residential end of Sandy Bay an the secluded Cul de Sac with its own cove and live music in the evenings.

An annual ''Information and rate guide for hotels and guest houses'' is publishe by Anguilla Department of Tourism, The Valley, Anguilla, West Indies, and can als be obtained from International Travel Resorts Inc., 25 West 39 Street, New York 1001 or from WINDOTEL, Suite 19, College House, 29-31 Wright Lane, Kensington, Lon don W8 5SH, UK.

Currency : E.C. $, U.S. dollars accepted.

Renseignements pratiques

Transports sur l'île : Des chauffeurs de taxi aimables et serviables travaillent selon un système de rotation à partir de Blowing Point. Prix fixe selon le trajet.

Location de voitures et de vélomoteurs sur l'île. Acheter un permis local provisoire (US $ 6) au loueur ou au commissariat de police. N'oubliez pas de conduire à gauche et attention aux feux rouges — ils sont maintenant au nombre de quatre.

Restaurants : Toute une gamme allant du très relax Smitty's Seaside Saloon (Island Harbour) au discrètement élégant The Warden's Place (The Valley), et du Fish Trap agréablement gastronomique (on y parle français) où on lit la carte sur une ardoise jusqu'au Malliouhana, dont le maître à penser à la cuisine est Jo Rostang de La Bonne Auberge à Antibes, n'oubliant pas Roy's Place sur la plage à Crocus Bay où les Anglais qui ont le mal du pays se réconfortent avec des « fish and chips ».

Hôtels : Toujours de la variété, depuis les « guest houses » assez simples jusqu'au luxe du Malliouhana au-dessus de Meads Bay, en passant par le familial Cinnamon Reef Hotel à Little Harbour, le confortable Mariners Hotel dans la partie résidentielle de Sandy Bay et l'isolation calme du Cul-de-Sac avec sa propre anse et de la musique le soir.

Le Anguilla Department of Tourism, The Valley, Anguilla édite un « Information and rate guide for hotels and guest houses » chaque année.

Monnaie : East Caribbean dollar ($ EC), mais on accepte les $ US.

Saba

One of the Netherlands Antilles, Saba is a straight up and down volcano of an island 2,854 feet high with no beach (although there are plans for one !), a 1312-foot aircraft-carrier style airstrip for which pilots need a special qualification to land, and 15 species of orchid. It was Dutch, French and English in turn and finally became Dutch for good in 1816. It was world-famous for many years for its skilled sea captains. Saba is a calm, cool relaxing island for those who want to get away from it all (almost). Land area is only just over 5 square miles. It is 28 miles from St-Martin.

For hundreds of years, the only way up to island capital the Bottom (because it is in a dip) was up steps in the cliff called the Ladder. Today, a taxi will take you up the road the islanders built themselves using a correspondance course when contractors said it was impossible. It runs through Lower Hell's Gate, Upper Hell's Gate, English Quarter, Windwardside and St-John's to The Bottom and then swoops down to the harbor at Fort Bay.

Une des Antilles Néerlandaises, Saba est un ancien volcan tout en pente qui plafonne à 870 mètres sans plage (bien qu'un projet...), possède 15 espèces d'orchidées, une piste d'atterrissage style porte-avions mais sans les catapultes, ce qui implique que les pilotes doivent être titulaire d'une qualification spéciale. L'île fut tour à tour hollandaise, française et anglaise et puis devint définitivement hollandaise en 1816. De nombreux capitaines célèbres étaient originaires de Saba. Aujourd'hui, Saba est un endroit calme et paisible pour ceux qui aiment la tranquillité.

Pendant des centaines d'années, le seul accès à la capitale (The Bottom) de cette petite île était une série de marches (the Ladder) prises dans la falaise. Aujourd'hui, un taxi vous montera par la route que les Sabans ont construite eux-mêmes grâce à des cours par correspondence en génie civil, alors que des spécialistes avaient renoncé à exécuter ce projet « impossible ». La route traverse toute l'île par Lower hell's gate, Upper Hell's Gate, English Quarter, Windwardside et St-John's jusqu'à The Bottom avant de descendre au port de Fort Bay.

STB

DIAMANT ROCK — North Point — GROEN ISL. — Cave of Rhum Bay — Torrens Point — PILOT ROCK — Flatpoint Airport — Cove Bay — Mary's Point Mountain 585 m — The Ladder — Mont Scenery 870 m — Upper Hellsgate — Ladder Bay — Peter Simmons Hill - 564 m — The level 523 m — Ladder Point — Windwardside — Core Gut Bay — THE BOTTOM — Tent Point — Fort Bay — Zuidoost Point — 0 0.5 1 km — **Saba**

What to do on Saba

Activities in Saba include walking (mainly up and down so ask the tourist office to recommend routes in keeping with your degree of fitness !). Climb Mount Scenery (an hour or so up and down). The 1064 steps starts at the road outside Windwardside. The diving around Saba is spectacular and fast becoming famous : magical unspoilt reefs against dark volcanic sand.

Saba embroidery and crafts are famous locally, as is the powerful rum-based "Saba Spice", a splendid drink to take home with you.

A faire à Saba

Les activités de l'île comprennent la marche à pied, parfois énergique, alors renseignez-vous au bureau de tourisme sur la difficulté des chemins. Montez au sommet de Mount Scenery (environ une heure aller-retour). Les 1064 marches commencent à la route près de Windwardside. Des lieux de plongée spectaculaires dans les eaux de Saba sont en passe de devenir célèbres : où récifs vierges contrastent avec le sable noir volcanique.

La broderie de Saba est intéressante, tout comme le « Saba Spice », boisson puissante à base de rhum.

Where to eat, drink and sleep

The two best-known addresses for eating, drinking and sleeping are in Windwardside. Captain's Quarters, a 10-room (each with private bath and balcony) hotel and restaurant with a swimming pool is the poshest. You can have a full lunch (it is wise to reserve — ask your taxi-driver) or sandwiches. Scout's Place near the post office is where the locals tend to gather informally. Lunches and dinners are served, as are sandwiches, and there are "four and a half" reasonably priced rooms.

Information

Saba Tourist Office, Windwardside, Saba. Tel. 2231 for all information about accommodation on the island, etc.

Scuba diving

Sea Saba Dive Center, Peak Hill, Saba. Tel. 2246. All types of teaching and guide services. 2 dives daily.

Saba Deep, Windwardside, Saba. Tel. 3347. Two Privateers sail from Fort Bay, taking small groups of divers to 25 diving spots. Training is available and prior reservation advisable.

Crafts : Saba Artisan Foundation, The Bottom, and various other shops.
Saba Museum, Windwardside.
Captain's Quarters, tel. 2201.
Scout's Place, tel. 2205.
Currency : Netherlands Antilles florin ; US dollars accepted everywhere.

More about Saba

N. and P. Pfanstiehl : Saba, the First Guidebook (1985) for a house by house des-

cription of the island. Available on Saba or $ 10.00 (inc. p. & p.) from : Natalie Pfanstiehl, 11 Annandale Road, Newport, Rhode Island 02840, USA.

Will Johnson : Tales from my Grandmother's Pipe. Fascination Saban stories and pictures. You'll find copies at the Tourist Office in Windwardside where you might find Will Johnson himself as well.

Hôtels et restaurants

Les deux adresses principales pour ceux qui veulent manger, boire ou dormir sont à Windwardside. Captain's Quarter's, hôtel-restaurant de 10 chambres (chacune avec bain et balcon privés), avec piscine, est le plus distingué. Vous pouvez y déjeuner (il est sage de réserver — demandez à votre chauffeur de taxi) ou manger un repas léger de sandwiches. Les Sabans gravitent autour de Scout's Place près de la poste. On y sert déjeuners et dîners, et des sandwiches bien sûr, et la maison possède « quatre chambres et demie » à des prix raisonnables.

Renseignements

Saba Tourist Office, Windwardside, Saba. Tél. 2231 pour tout renseignement sur des séjours sur l'île, etc.

Plongée

Sea Saba Dive Center, Peak Hill, Saba. Tél. 2246. Formation et sorties guidées. 2 plongées par jour.

Saba Deep, Windwardside, Saba. Tél. 3347. Deux Privateers basés à Fort Bay pour sorties en petits groupes vers 25 lieux de plongée. Formation possible. Il est prudent de réserver à l'avance.

Artisanat : Saba Artisan Foundation, The Bottom, et diverses boutiques.
Saba Museum, Windwardside.
Captain's Quarters, tél. 2201.
Scout's Place, tél. 2205.
Monnaie : florin hollandais des Antilles, mais les $ US sont acceptés partout.

Statia (St-Eustache)

Statia is also part of the Netherlands Antilles. The French built a fort there in 1629 and then a Dutch colony was founded in 1636, when Fort Oranje was built. The island changed hands fifteen times in all. Although sugar and other crops were grown on Statia it became an important trading island in the 18th century (over 3,500 ships put in at Statia in 1779). All the goods on the island were seized and auctioned in 1781 by the British admiral Rodney as a punishment for helping the rebellious north Americans. Trade dwindled at the beginning of the 19th century and the island has been extremely quiet until recent years with the construction of a tanker terminal and efforts to attract tourists.

Statia fait également partie des Antilles néerlandaises (Curaçao, Aruba, Bonaire, St-Martin, Saba et St-Eustache). Les Français y érigèrent un fort en 1629 et une colonie hollandaise fut fondée en 1636, date de la construction du Fort Oranje. L'île changea de mains quinze fois en tout.

Saba

Dominoes at the airport
Les dominos de l'aéroport

Windwardside

The Bottom

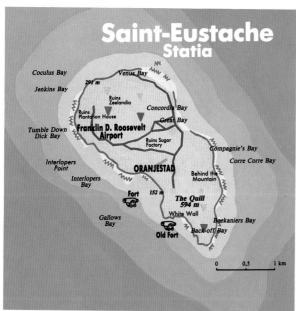

Saint-Eustache
Statia

Coculus Bay
Jenkins Bay
291 m
Venus Bay
Ruins Zeelandia
Concordia Bay
Ruins Plantation House
Great Bay
Franklin D. Roosevelt Airport
Tumble Down Dick Bay
Ruins Sugar Factory
Compagnie's Bay
Interlopers Point
ORANJESTAD
Corre Corre Bay
Interlopers Bay
Behind the Mountain
Fort
152 m
The Quill 594 m
Gallows Bay
White Wall
Boekaniers Bay
Old Fort
Back-off Bay

0   0,5   1 km

Bien qu'il y eut des plantations de sucre et d'autres récoltes, Statia devint au 18ᵉ siècle un centre de commerce très important et plus de 3 500 navires mouillèrent à Statia en 1779. Toutes les marchandises de l'île furent saisies et vendues aux enchères par l'amiral britannique Rodney pour punir les habitants d'avoir aidé la colonie anglaise rebelle d'Amérique du Nord. Les affaires s'amenuisèrent au début du 19ᵉ siècle, et l'île demeura très calme jusqu'aux efforts récents pour développer le tourisme et la construction d'un terminal pétrolier.

What to do on Statia

Be sure to visit the Tourist Office in Fort Oranje and ask for a copy of the Historical Foundation's useful *Walking Tour Guide*. You can also obtain information about climbing the Quill, Statia's impressive extinct volcano, with or without a guide.

Visit the Upper and Lower Towns with their old buildings, sunbathe on the beaches on the southwest shore, dive to the underwater ruins in Oranje Bay and eat and drink at The Old Gin House in Lower Town.

Que faire à Statia

Avant la visite, allez au Tourist Office à Fort Oranje et deman-

dez un exemplaire du très utile « *Walking Tour Guide* » de la Historical Foundation. Vous pouvez obtenir également des renseignements sur l'ascension (avec ou sans guide) du Quill, l'impressionnant volcan éteint.

Visitez les Upper Town et Lower Town, avec leurs bâtiments historiques, bronzez sur les plages de la côte sud-ouest, plongez sur les ruines dans la Baie d'Oranje et prenez l'apéritif à la Old Gin House dans la Lower Town.

Where to stay

The Old Gin House and Mooshay Bay Public House with a small beach.
La Maison sur la Plage, Concordia Bay.
Golden Rock, Golden Rock beach on windward side.

Practical information

Language : most signs are in Dutch but everybody speaks English.
Transportation : taxis and car rental.
Currency : Netherlands Antilles florin (NAfl) ; US (but not Canadian) dollars accepted everywhere.

Hôtels

La Old Gin House et la Mooshay Bay Public House (la même maison) à côté d'une petite plage.
La Maison sur la Plage, Concordia Bay, établissement tenu par une Française.
Golden Rock, Golden Rock Beach, côté au vent.

Renseignements pratiques

Langue : la plupart des panneaux sont en hollandais mais tout le monde parle anglais.
Transports : taxis et voitures de location.
Monnaie : florin hollandais des Antilles, mais les $ US sont acceptés partout.

St Kitts (St-Christophe)

St Kitts (St Christopher) was named by Columbus when he sighted the island in 1493. The British arrived in 1607 but there was no permanent colony until 1623. The French then landed, the island was divided between the two countries, and settlers of both nationalities set out from there to found colonies on many other islands. London grouped St Kitts, Nevis and Anguilla (see the page on Anguilla) in 1966 and St Kitts and Nevis became a fully independent state within the British Commonwealth in 1983.

The island is 23 miles long, topped by Mount Misery (3,792 feet). The capital, Basseterre, is an attractive West Indian port with distinctly British overtones, where your can visit the museum and buy some of the island's famous postage stamps.

St-Christophe fut baptisée par Christophe Colomb en 1493. L'île fut visitée par un groupe de Britanniques en 1607 et une colonie établie en 1623. Les Français arrivèrent alors, et St-Kitts fut partagée. Ce fut un point de départ important pour la coloni-

St-Eustache

A quiet museum at Oranjestad.
Un musée paisible à Oranjestad.

Orange Fort

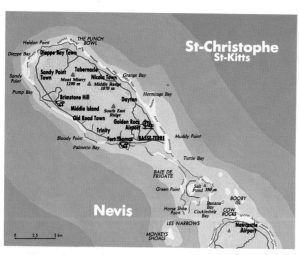

off by visiting one of the Frigate Bay beaches.

A faire à St-Kitts

Une route fait le tour de la plus grande partie de cette belle île par la côte, on peut la visiter en taxi ou en voiture de location. Dans le sens des aiguilles d'une montre à partir de Basseterre, on passe près de Fountain Estate, demeure de Philippe de Lonvilliers de Poincy. Ensuite, Français et Anglais ensemble (une fois n'est pas coutume !) attaquèrent les Caraïbes à Bloody Point en 1626. Old Road Town fut la première capitale britannique de l'île. On peut voir des pétroglyphes caraïbes à Wingfield Estate dans le même secteur. La tombe de Sir Thomas Warner, chef du premier groupe d'Anglais à débarquer dans l'île, se trouve dans le cimetière de l'église anglicane de St-Thomas à Middle Village. Ne manquez pas Brimstone Hill Fortress (connue sous le nom de « Gibraltar des Antilles ») au-dessus de falaises de près de 100 mètres de haut vers le Mount Misery. Sa construction dura un siècle et elle vient d'être restaurée. On peut déjeuner au Rawlins Plantation (réserver par téléphone) ou pique-niquer sur la plage à Dieppe Bay. Les « Black Rocks » (rochers noirs) sur la côte au vent sont des formations de lave intéressantes. Ensuite, montez Monkey Hill (la colline aux singes) d'où vous avez une belle vue ; gardez l'appareil de photo à portée de main, vers le sommet vous verrez peut-être les singes ververts au visage noir qui y habitent, ou bien de magnifiques perroquets verts. On peut terminer le circuit par une des plages de Frigate Bay.

station des Antilles par les deux pays. Plus récemment, Londres regroupa St-Kitts, Nevis et Anguilla (voir chapitre sur Anguilla) en 1966, et St-Kitts et Nevis devinrent un état indépendant, membre du British Commonwealth, en 1983.

L'île mesure 37 km de long et le point le plus haut est le Mount Misery, culminant à 1156 mètres. Basseterre, la capitale, est un port antillais haut en couleurs mais à la saveur toute britannique par ses monuments et architecture. On y visite le musée, et on peut acheter de très beaux timbres-poste.

What to do on St Kitts

A road follows the shoreline all the way round the largest part of this beautiful island. Try a clockwise circular tour by taxi or rental car. Fountain Estate, on a hill north of Basseterre was the home of Philippe de Lonvilliers de Poincy. Bloody Point is where the French and British attacked the Caribs in 1626. Old Road Town was the first British capital of the island ; Carib pétroglyphs can be seen at nearby Wingfield Estate. You can see the tomb of Sir Thomas Warner, who led the first British landing party, in the graveyard of St Thomas Anglican Church in Middle Village. Don't miss Brimstone Hill Fortress (known as the "Gibraltar of the West Indies") above the 700-foot cliffs near Mount Misery. The fortress took a century to build and has recently been restored. You can have lunch at Rawlins Plantation (reserve by phone beforehand) or picnic on the beach in Dieppe Bay. Black Rocks on the windward side of the island are strange lava formations. You can then go up Monkey Hill from where there is a fine view : keep your camera ready, towards the top you might well see some of the black-faced ververt monkeys and green parrots which live there. You can finish

Where to stay

Two large hotels (Fort Thomas Hotel, Royal St Kitts) have been built in recent years to handle the charters that now come in from the US. One of the best-known addresses in Basseterre is the comfortable Ocean Terrace Inn, or O.T.I. for short (Tel. 2754). Or stay out of town at the Fairview Inn (Tel. 2473) with excellent local cuisine. Other good addresses are the Banana Bay Beach Hotel (Tel. 2860), the Cockleshell, the Golden Lemon in Dieppe Bay (Tel. 7260) and the nearby Rawlins Plantation (Tel. 6221), a former sugar estate.
Golf : 18-hole course at Frigate Bay.
Currency : East Caribbean dollar. US $ and CAN $ bills generally accepted but not coins.
Information : St Kitts Tourist Board, Treasury Pier, Basseterre (Tel. 2620).

Hôtels

Deux hôtels de grande capacité (Fort Thomas Hotel, Royal St-Kitts) ont été construits récemment pour loger les passagers des vols charters en provenance des USA. L'une des adresses les plus célèbres dans la ville de Basseterre est le confortable Ocean Terrace Inn (le « O.T.I. », tél. 2473) dont la cuisine locale est réputée. D'autres bonnes adresses : le Banana Bay Beach Hotel (tél. 2860), le Cockleshelle, le Golden Lemon à Dieppe Bay (tél. 72600) et, à côté, le Rawlins Plantations (tél. 6221), une ancienne propriété sucrière.
Golf : parcours 18 trous à Frigate Bay.
Monnaie : East Caribbean dollar ($ EC). On accepte les $ US sous forme de billets mais pas de pièces.
Renseignements : St-Kitts Tourist Board, treasury Pier, Basseterre (tél. 2620).

St-Kitts

A one-classroom country school
Classe unique à la campagne

Brimstone Hill Fortress

Nevis

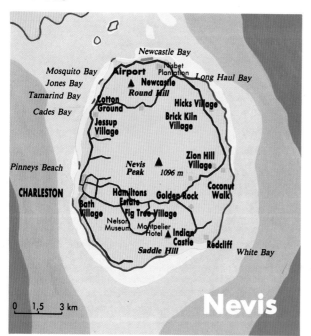

teur de la constitution des Etats Unis, et celui des noces de l'Amiral Horatio Nelson et de Frances Nisbet.

What to do on Nevis

Spend an hour or so in picturesque Charleston. Don't miss the colorful, bustling market if you are there on Tuesday, Thursday or Saturday.

As in St Kitts, a main road runs right round the island covering most of the interesting places to see. Driving clockwise from Charleston you will see Pinney's Beach (with bar, food and accommodation and good swimming and snorkeling), and then Nelson's Spring at Cotton Ground. Fort Ashby is where the former settlement of Jamestown was destroyed by a tidal wave in 1680. Then come famous Black Sand beach, the village of Newcastle (local pottery), the Nisbet Plantation, restored as an hotel, and St James Church (black Christ). The ruins of the Eden Brown Estate are followed by Croney's Old Manor Estate, now an inn, which has interesting restored sugar-making installations and machinery, and by Montpelier Estate where Nelson married Frances Nisbet (register on display at St John's Church in Fig Tree Village). There is a Nelson Museum at Morningstar Plantation. The Bath House Hotel and Baths are the ruins of a 19th century spa where West Indian and European society figures used to "take the waters". Finally, the ruins of Fort Charles boast cannon and a beautiful view.

A faire à Nevis

Passez une heure dans la ville pittoresque de Charleston, et si vous y êtes un mardi, jeudi ou samedi ne manquez pas le marché.

Comme à St-Kitts, une route principale fait le tour de l'île et de la plupart des choses intéressantes à voir. Dans le sens des aiguilles d'une montre, vous verrez Pinney's Beach (bar, restaurant, hôtel, baignade et « snorkelling »), et ensuite Nelson's Spring (la Source Nelson) à Cotton Ground. Fort Ashby se trouve au-dessus de l'ancienne colonie de Jameston détruite par une lame de fond en 1680. Ensuite Black Sand Beach (plage de sable noir), le village Newcastle (poteries locales très intéressantes), la Nisbet Plantation transformée aujourd'hui en hôtel, et l'église de St-James (Christ noir). Les ruines de Eden Brown Estate sont suivies de Croney's Old Manor Estate, aujourd'hui un hôtel, où les installations des belles années du sucre ont été restaurées, et de la Montpelier Estate où Nelson épousa Frances Nisbet (inscription de ce mariage dans le registre de l'église de St-John à Fig Tree Village). On peut aussi visiter le Nelson Museum à Morningstar Plantation. Le Bath House Hotel and Baths sont les ruines d'une source thermale où au 19e siècle les gens venaient de toutes les Antilles et même de l'Europe « prendre les eaux ». Enfin, les ruines du Fort Charles avec canons et un beau panorama.

Another British-settled island, Nevis is a beautiful place for lazing in the sun, for a "select" vacation in one of the restored mansions on the island, far from discotheques, casinos and the moneyed or unmoneyed herds. Supposedly baptized "Las Nieves" by Columbus because of its cloud-capped 3,232-foot peak Mount Nevis, it is an almost circular island 2 miles from St Kitts. It was at its most prosperous in the 18th and early 19th centuries when there were as many as 80 sugar plantations, and is famous as the birthplace of Alexander Hamilton, who drafted the U.S. Constitution, and as the place where the young Horatio Nelson married Frances Nisbet.

Encore une île qui fut colonisée par les Britanniques. Nevis se prête au bronzage, à l'inactivité totale, à un séjour dans une des maisons de maître restaurées de l'île, loin des discothèques, des casinos et des troupeaux riches ou moins riches. On prétend que Christophe Colomb l'a baptisée « Las Nieves » (les neiges) quand il a aperçu le sommet nuageux du Mount Nevis (985 m). L'île est presque circulaire et ne se trouve qu'à 3 kilomètres de St-Kitts. Prospère pendant le 18e siècle et au début du 19e, quand on comptait jusqu'à 80 plantations de canne à sucre, Nevis est célèbre comme lieu de naissance d'Alexander Hamilton, rédac-

Nevis

Frances Nisbet and Admiral
Nelson, her future husband
Frances Nisbet et l'amiral
Nelson, son futur mari

NEVIS
60c

NEVIS
$3
200th Anniversary
of the marriage of
Captain Horatio Nelson
to Frances Nisbet

Nelson Museum

Nisbet Plantation

Mullet Bay

Transportation

Taxis, car rental (you need to buy a local license and remember to drive on the left).

Where to stay

Nevis specializes in restored plantation houses, including Croney's Old Manor Estate (Tel. 5445), Nisbet Plantation Inn (Tel. 5325). The rooms at Montpelier Hotel (Tel. 5462) center on an old sugar mill. If you want to be near Charleston, Rest Haven Inn (Tel. 5208) is also within walking distance of Pinney's beach.

How to get there

By Four Islands Airways from St Kitts or on the ferry (the *Carib Queen*).

Information

Tourist Bureau, Back Way Alley, Charleston, where you can and should buy a copy of *A Motoring Guide to Nevis*.
Philatelic Bureau, Jones Street : bring your stamp collection up to date.
Currency : E.C. $ US and Canadian bills accepted.

Hôtels

Nevis offre un choix de vieilles maisons de plantation restaurées : Croney's Old Manor Estate (Tél. : 5445), Nisbet Plantation Inn (Tél. : 5325). Les chambres du Montpelier Hotel sont groupées autour d'une vieille fabrique de sucre. Si vous préférez rester près de Charleston, essayez le Rest Haven Inn (Tél. : 5208), d'où on accède à Pinney's Beach à pied.

Comment y aller

Au départ de St-Kitts en avion (Four Islands Airways) ou par le ferry (*Carib Queen*).

Transport sur l'île

Taxis, voitures de location (il faut acheter un permis local et ne pas oublier de conduire à gauche, et lentement).

Renseignements

Tourist Bureau, Back Way Alley, Charleston où vous pouvez (et devrez) acheter ''A Motoring Guide to Nevis''.
Timbres de poste : Philatelic Bureau, Jones Street.
Monnaie : $ EC. $ US acceptés (billets seulement).

St-Martin - Sint Maarten

A close neighbor of St Barth, Sint Maarten/St Martin is split across the middle — the northern part (St Martin) belongs to France and the southern part (Sint Maarten) is Dutch, but everybody speaks English. The island is famous for its many fine beaches, the duty-free shops in Philipsburg where the cruise ships stop over, for its well-equipped hotels and casinos and for the memorable atmosphere (and restaurants) of Marigot and Grand Case.

What to do on St Martin

Rent a car or a scooter and tour the island. Try some of the lovely beaches and take time off for wandering around Marigot or shopping in Philipsburg.

For more about St Martin

For full information about St Martin, buy a copy of ''Bonjour St Martin !'' in the same series as ''Bonjour St Barth !''. It is full of maps, photographs and practical information. It can be found both in St Martin and St Barth.

Une voisine proche de St-Barth, Sint Maarten/St-Martin est divisée en deux — le nord (St-Martin) appartient à la France, et le sud (Sint Maarten) est hollandais. On parle l'anglais côté hollandais et l'anglais et le français côté français. L'île est célèbre pour ses dizaines de belles plages, les magasins hors-taxe de Philipsburg où mouillent les paquebots de croisière, pour ses hôtels et casinos et pour l'ambiance et les restaurants mémorables de Marigot et de Grand-Case.

A faire à St-Martin

Louez une voiture ou un scooter et faites le tour de l'île. Essayez les plages et prenez le temps de faire du shopping à Philipsburg et de flâner à Marigot.

Pour en savoir plus

Vous retrouverez les descriptions détaillées des sites et des plages de cette île, ainsi que son histoire et des renseignements pratiques dans le guide « Bonjour St-Martin » aux Editions du Pélican disponible à St-Martin et à St-Barth.

Philipsburg

Orient Bay : no comment.

HOTELS

Gustavia
L'Hibiscus, 13 ch, piscine 27.64.82
La Presqu'île, 11 ch. 27.64.60
Auberge chez Cocotte, 6 ch. 27.62.39

St-Jean
Tom Beach, 12 ch., plage 27.60.43
Kerjean, 8 ch. plage 27.67.38
Emeraude plage, 33 ch., plage 27.64.78
Filao Beach, 30 ch., plage, piscine 27.64.84
Eden Rock, 6 ch. 27.60.01
Tropical Hôtel, 20 ch., piscine 27.64.81
P.L.M. Jean-Bart, 50 ch., piscine 27.63.37
Le Village St-Jean, 25 ch. 27.61.39
Les Bougainvilliers, 3 ch. 27.61.81

Grand Cul-de-Sac
St-Barth Beach Hôtel, 36 ch., piscine, plage, tennis 27.62.73
Grand Cul-de-Sac Beach, 16 ch., piscine, plage, tennis 27.62.73
Guanahani 27.66.60
Sereno Beach Hôtel, 16 ch., piscine, plage 27.64.80

Flamands
Baie des Flamands, 24 ch., piscine, plage 27.64.85
Taïwana, 9 ch., piscine, plage 27.65.01
Auberge de la petite anse, 8 ch. 27.64.89
White Sand Beaches Cottages, 4 bungalows + kitch., plage 27.63.66

Lorient
Autour du Rocher, 4 ch. 27.60.73
La Banane 27.67.81
La Normandie, 8 ch. 27.61.66
Les Mouettes, 6 ch. 27.60.74

Vitet
Hostellerie des 3 forces, 12 ch., piscine 27.61.25

Corossol
Chez Joe Notel, 3 ch. 27.01.02
Les Chalets de la Voûte, 8 ch. 27.64.86

Colombier
François Plantation, 12 ch.
Le Petit Morne, 10 ch., piscine 27.62.64

Lurin
Les Castelets, 10 ch., piscine 27.61.73

Marigot
Marigot Bay Club, 6 appart., cottages, rest., plage

Anse des cayes
Manapany Hôtel, cottages 27.66.55

RESTAURANTS

Gustavia
Casablanca, rue du Roi Oscar II 27.66.40
La Marine, rue Jeanne d'Arc 27.64.50
Au Port, rue du Centenaire 27.62.36
L'Ananas, rue Thiers 27.63.77
Le Vieux Clocher, rue Thiers 27.64.82
La Crémaillère, rue du Général de Gaulle 27.63.89

Côté Jardin, rue Courbet 27.70.47
Les Trois Gourmands, La Pointe 27.71.83
L'Escale, quai de la Marine
Chez Joe Snack, rue du Général de Gaulle 27.61.46
Cheese Burger and Paradise, rue de la France
Le Sapotiller, rue du Centenaire 27.60.28
Chez Michel et Maïté, rue du Général de Gaulle
La Presqu'île, La Pointe 27.64.60
La Langouste, rue de la République 27.63.61

Lurin
Les Castelets, route de Lurin 27.61.73
Le Santa Fé, carrefour de Gouverneur 27.61.04

Saint-Jean
La Créole, Villa Créole 27.68.09
Chez Francine, plage 27.60.49
Le Bamboo, plage 27.70.96
Le Filao Snack, plage 27.64.84
Le Beach Club, plage 27.64.69
Le Pélican, plage 27.64.64
La Case Créole, plage
Le Topolino, route 27.70.92
Le Patio, hauteurs de St-Jean 27.61.39
L'Envers, carénage 27.68.10
Le Dolphin, carénage 27.67.47
Eat and Run, parking Sodexa 27.64.19
La Louisiane, route de Saline 27.71.36
Le P.L.M. Jean Bart, face Sodexa 27.63.39
L'Aéropub la Savane, face aéroport 27.69.12
L'Aérosnack, aérogare 27.71.40

Salines
Le Tamarin, Grandes Salines

Anses des Cayes
Chez Ginette, route 27.66.11
Le Ballahou, Hôtel Manapany 27.66.55
Le Ouanalao, Hôtel Manapany 27.66.55
Le Rendez-vous, anse des Lézards

Flamands
Le Taïwana, plage 27.65.01
La Baie des Flamands, plage + route 27.64.85

Colombier
François Plantation

Vitet
L'Hostellerie des Trois Forces, route, carrefour Marigot 27.61.25

Public
Chez Maya, plage 27.63.99

Lorient
Autour du Rocher, colline 27.60.73
Club la Banane, route 27.67.81
La Normandie, route 27.61.66
Au Bon Coin, nature

Marigot
Le Marigot Bay Club, plage
L'Indigo, Hôtel Guanahani 27.66.60

Cul-de-Sac
St-Barth Beach, plage Gd Cul-de-Sac 27.62.73
El Sereno Beach Snack, plage Gd Cul-de-Sac 27.64.80
La Toque Lyonnaise, plage Gd Cul-de-Sac 27.64.80
La Gloriette, plage Gd Cul-de-Sac
Le Lafayette, plage Gd Cul-de-Sac 27.62.51
Le Flamboyant, hauteurs
Chez Pompi, hauteurs Pt Cul-de-Sac
Le Relais, route de la plage Pt Cul-de-Sac

INFORMATION

Tous les passagers doivent reconfirmer leur vol au départ de Saint-Barth, dès leur arrivée dans l'île.

All passengers must reconfirm their departure flights upon arrival in Saint Barths.

La non reconfirmation de vol peut entraîner l'annulation définitive de la réservation.

Failure to do so may result in cancellation of the reservation.

Permanences des Bureaux des Compagnies Aériennes
Permanence Office for the Airlines Companies

Windward Airways : (St Marteen) 7:00 to 12:30 AM and 2:30 to 4:30 PM (Terminal Airport).

Air Saint-Barthélemy* : (St Marteen - Guadeloupe - Puerto Rico) 7:00 AM to 6:00 PM (Terminal Airport).

Air Guadeloupe : (Guadeloupe - St-Martin) 7:30 to 10:30 AM and 3:00 to 5:00 PM (Terminal Airport), 8:00 to 12:00 AM and 3:00 to 5:00 PM (Offices of Gustavia) 9:00 to 11:30 AM on saturday.

Virgin Air : (St-Thomas - Puerto Rico) 8:00 AM to 5:00 PM (Terminal Airport).

Coastal Air : (St-Croix - Anguilla - Nevis) 8:00 AM to 5:00 PM (Hôtel Tom Beach : St-Jean).

*Air St-Barthélemy est le représentant local pour Panam Airlines

*Air St Barthélemy is representative for Panam Airlines.

Tourisme

Le nouveau venu pourra se montrer surpris de la faiblesse de l'organisation commerciale du tourisme tant vanté. Le nouvel initié en appréciera les petites unités bien intégrées au paysage et au charme naturel d'un site bien protégé.

Le tourisme a par ailleurs déjà son histoire, qui apporte les réponses à vos premières surprises. Quand vous saurez qu'une des locomotives, sinon le pionnier des résidents étrangers de St-Barth fut il y a une vingtaine d'années l'Américain Rockfeller, et qu'il y a dans l'île de nombreux habitants qui n'ont plus grand chose à envier à sa carrière, vous comprendrez un peu mieux le train de vie propre à St-Barth. La vie chère écarte de l'île le tourisme de masse, et les timides structures d'accueil sélectionnent encore les vacances et la durée de séjour.

Il a fallu le développement de la plaisance pour voir l'accès de l'île se démocratiser. Les Américains restent, à terre et en mer, les plus gros amateurs de St-Barth (65 %), suivent les Français (24 %) la plupart venus des départements proches, les autres Européens (4 %), les Canadiens (4 %) et les autres (3 %). En mer, les Hollandais et les Britanniques sont plus nombreux que les plaisanciers français, plus attirés par le sud de la Caraïbe et les parages de la Martinique et de la Guadeloupe.

Office du tourisme de Saint-Barthélemy

Mairie de Gustavia, rue August-Nyman. Tél. : 27.60.08. Télex public 919897 GL. Ouvert les lundi, mardi, jeudi et vendredi de 8 h à 12 h et de 14 h 30 à 18 h, le mercredi de 8 h à 12 h 30 et le samedi de 8 h à 12 h 30.
Responsable : Elise Magras.

Office du tourisme de la Guadeloupe

5, square de la Banque, 97110 Pointe-à-Pitre. Tél. : 82.09.30. Télex : Gatour 029715 GL.

Syndicat d'initiative de Saint-Martin

Mairie de Marigot, 97150 Marigot. Tél. : 27.50.04

A Paris : Maison des Antilles et de la Guyane

12, rue Auber, 75009 Paris. Tél. : 268.11.07

En Suède : Pitea Tourist Information

Storgat 40, Pitea, Sweden. Tél. : 0911/197 55 ou 197 56.

Aux U.S.A. : The French West Indies Tourist Board

610 Fifth Avenue, New York NY 10020. Tél. : (212) 757 1125.

Formalités

Français : carte d'identité nationale ou passeport. Si vos enfants de moins de 15 ans ne figurent pas sur votre passeport, il vous faudra aussi présenter le livret de famille. Les citoyens des Etats-Unis, du Canada, du Royaume Uni ou de Suède doivent se munir d'un passeport en cours de validité qui leur suffira pour un séjour de trois mois. Le visa n'est pas demandé, mais pour prolonger leur séjour au-delà de cette limite, un permis de séjour demandé auprès de la sous-préfecture est exigé.

Pour les originaires des autres pays, les formalités sont les mêmes à Saint-Barthélemy que sur l'ensemble du territoire français. Rappelons que pour certains nationaux des îles voisines (Haïti, Dominique par exemple), l'entrée dans cette partie du département français de Guadeloupe ne leur donne pas l'autorisation de circuler dans un autre département ni de se rendre en métropole sans les autorisations préalables de la sous-préfecture, et l'obtention d'un visa valable pour l'hexagone.

Fiche de résident

Tout nouveau résident sur le territoire de la commune, quelle que soit sa nationalité, doit constituer au poste de police municipale une fiche de résident dans les trois jours qui suivent son installation dans l'île. Cette mesure ne concerne évidemment pas les touristes.

Bateaux

Un contrôle de la navigation demande aux capitaines de déclarer leur arrivée au port en remplissant à la capitainerie une fiche bateau avec liste complète des passagers et de leur équipage.

Douanes

Pas de douane dans un port franc, mais attention au retour en Guadeloupe ou en Martinique, où l'on applique une tolérance d'usage de deux bouteilles d'alcool et deux cartouches de cigarettes.

Consulats

St-Barth n'a aucune représentation consulaire sur son territoire. D'ailleurs, la plupart de ces représentations aux Antilles françaises n'ont pas compétence diplomatique ni moyens d'intervenir pour régler les problèmes de leurs ressortissants. Ces charges honoraires sont pourtant nombreuses à Pointe-à-Pitre et à Basse-Terre en Guadeloupe.

Il existe toutefois un consulat officiel des Etats-Unis à Fort-de-France en Martinique, tél. : 71.93.01.

Monnaie

La monnaie est le franc français. Mais partout, on accepte les dollars, à un taux plus ou moins avantageux. Voir à l'usage.

Attention, dans les cabines téléphoniques, seule la monnaie française est utilisable.

Journaux - News paper - français et américains
— Aéroport
— Librairies : Gustavia, St-Jean
Journaux américains « La Villa Créole », Drugstore des Caraïbes.

Tourism

Newcomers to the island might be surprised by the "restraint" of commercial tourist structures, but you will soon appreciate the small units carefully integrated into the landscape and the well-protected natural charm of St Barth.

Tourism in St Barth already has its history, which goes a long way towards explaining why things have remained so quiet. When you find out that one of the earliest foreign residents in St Barth some twenty years ago was called Rockefeller, and that there are still plenty of people on the island in the same league you begin to understand the St Barth way of life. The high cost of living keeps mass tourism away and the limited facilities make a further selection of visitors and the time they can spend on the island.

Increased popularity of yacht cruising has democratized access to the island. Americans form the majority (65 %) of visitors both on land and sea. They are followed by the French (24 %), who mainly come from other parts of the French West Indies, other Europeans (4 %), Canadians (4 %) and "miscellaneous" (3 %). There are more British and Dutch yachtsmen than French : the latter are more attracted by the southern Caribbean and the Guadeloupe and Martinique areas.

St Barthèlemy Tourist Bureau

Gustavia Town Hall ("Mairie"), rue August-Nyman. Phone 27.60.08. Public telex 919897 GL. Open from 8 to 12 and 2.30 to 6 on Monday, Tuesday, Thursday and Friday and from 8 to 12.30 on Wednesday and Saturday. Director : Elise Magras.

Currency

The official currency is the French franc. Dollars are accepted everywhere at more or less favorable rates of exchange.

Beware, public phones take only French coins.

Formalities

Citizens of the United States, Canada, the United Kingdom and Sweden must possess a valid passport to be entitled to a three-month stay. A visa is not necessary to extend this period, but an application for a resident's permit ("permis de séjour") must be made to the sub-prefecture.

For citizens of other countries, the formalities at St Barth are the same as for metropolitan France.

"Fiche de résident"

All new residents, whatever their nationality, must fill in a resident's card at the town police station within three days of their arrival on the island. This obviously does not apply to tourists.

Boats

Skippers must fill in and deliver to the port office ("Capitainerie") a sheet with a full list of passengers and crew.

Customs

No customs as the island is a free port, but beware if you go on to Guadeloupe or Martinique where the "allowance" is two bottles of liquor and two cartons of cigarettes.

Consulates

There are no consuls on St Barth and practically no diplomatically competent representatives in the French West Indies. There are numerous honorary consuls in Pointe-à-Pitre and Basse-Terre in Guadeloupe.

There is however an official United States consulate in Fort-de-France, Martinique. Phone 71.93.01.

Mairie

Rue August Nyman, Gustavia, tél. : 27.60.08. Adresse postale : B.P. 113 - 97133 Saint-Barthélemy - F.W.I.
Bureaux ouverts du lundi au vendredi de 7 h 30 à 12 h et de 14 h à 18 h. Fermés le mercredi après-midi.

Poste de police municipale

Tél. : 27.66.66. Ouvert lundi, mardi, jeudi et vendredi de 8 h à 12 h et de 15 h à 17 h. Mercredi de 8 h à 12 h. Samedi de 8 h à 11 h.

Sous-préfecture de Saint-Barthélemy

Département de la Guadeloupe. Arrondissement des Territoires du Nord, rue Thiers, Gustavia, tél. : 27.64.10 et 27.63.28. Ouverte lundi, mardi, jeudi et vendredi de 7 h à 12 h et de 14 h à 17 h 30. Mercredi de 7 h à 12 h. Samedi de 8 h à 11 h.

Sous-préfecture de Saint-Martin

Marigot, tél. : 27.50.36 et 27.50.60.

Sous-préfecture de Pointe-à-Pitre

Place de la Victoire, 97110 Pointe-à-Pitre, tél. : 82.91.14.

Préfecture de la région Guadeloupe

Rue Lardenoy, 97110 Basse Terre, tél. : 81.15.60.

Gendarmerie

Rue Oscar II, tél. : 27.60.12. Ouverte au public tous les jours, 24 h sur 24. Le 17 appel gratuit.

Police de l'air et des frontières

Aéroport de Saint-Jean, tél. : 27.63.56. Bureau ouvert de 8 h à 18 h.

Régie du droit de Quai

Port. Quai du Général-de-Gaulle, tél. : 27.60.71. Ouvert lundi, mardi, jeudi et vendredi de 7 h 30 à 12 h et de 14 h à 18 h. Mercredi de 7 h à 12 h. Agences à l'aéroport Saint-Jean et devant le bureau de poste de Gustavia.

B.F.C. Banque française commerciale

Rue du Général-de-Gaulle, Gustavia. Tél. : 27.62.62. Horaires d'ouverture : 8 h à 12 h et 14 h à 15 h 30.

B.N.P. Banque Nationale de Paris

Rue du Bord de Mer, Gustavia. Tél. : 27.63.70. Horaires d'ouverture : 8 h 15 à 12 h et 14 h à 16 h.

Bureau de Poste

A Gustavia, rue Oscar II, tél. : 27.63.00 et 27.63.83. Receveur, tél. : 27.62.00. Ouvert du lundi au vendredi de 8 h à 12 h et de 14 h à 16 h. Samedi matin de 8 h à 12 h. Dernière levée du courrier, du lundi au vendredi, à 15 h 45, le samedi à 11 h 45.

A Lorient, agence postale, ouverte du lundi au vendredi de 7 h à 11 h. Samedi de 15 h 30 à 17 h, tél. : 27.61.35.

Achats

Saint-Barthélemy, répétons-le, est un port franc qui échappe aux taxes françaises habituelles, et qui jouit d'une fiscalité originale. La commune perçoit sa taxe propre, le droit de quai (3 % ad valorem) sur toutes les marchandises importées dans l'île. L'allègement amené par cette taxe très inférieure à celles en usage sur le territoire français, est contrebalancé par des coûts de transport souvent tels, pour les produits venus en France, que leurs prix ne vous surprendront pas en bien. En fait, vous ressentirez les bienfaits du port franc sur le prix de l'alcool et des cigarettes, et sur une gamme limitée de produits, tels que les vêtements de marques, nappes et services brodés très recherchés. Un gros avantage durant votre séjour, le prix de l'essence de 30 % inférieur à celui de la pompe en France.

Cartes de Crédit

La carte « Visa » et la « Carte Bleue » sont les plus pratiques. Les hôtels et les principaux magasins acceptent également la carte de l'« American Express ». La carte du « Diners Club » permet des opérations de retrait à la B.F.C., mais attention, très peu de restaurants les acceptent en général.

Marchés

Il n'y a pas de marché à proprement parler dans l'île. Toutefois, fruits et légumes de Dominique, d'Antigua et de Guadeloupe sont vendus à l'arrivée des caboteurs, sur le quai du Général-de-Gaulle.

On peut acheter du poisson frais aux pêcheurs qui rentrent à Gustavia dans la matinée, et à Corossol vers 13 h.

Shopping

As we have said elsewhere, St Barth is a free port : the fiscal status is special and the usual French taxes are not levied. The commune levies its own 3 % tax on all goods imported to the island. The economy resulting from this very low rate is more than outweighed by the high cost of transport which means that French goods are not likely to be cheaper than in France. You will notice lower prices for drink and cigarettes and a limited range of goods such as designer clothes, and embroidered table linen which is much sought-after.

Credit cards

Visa cards are accepted in most places. Hotels and major shops accept American Express. Diners Club cards can be used to withdraw cash from the Banque Francaise Commerciale (BFC), but not are not accepted by many restaurants.

Markets

The island has no real fruit and vegetable market. However, fruit and vegetables from Dominica, Antigua and Guadeloupe are brought in by coasters and sold on Quai Général de Gaulle.

You can buy fish off the boats in Gustavia in the morning and at Corossol at about 1 p.m.

Recommandations : l'eau est précieuse

Vous l'avez remarqué : St-Barth est une terre sans rivière. Des périodes de sécheresse, parfois longues, et les forages souvent stériles, font de l'eau douce un élément rare et cher. Tous ne peuvent la faire couler à volonté. Restez mesurés dans votre consommation. Au pays des douches fréquentes, évitez le gaspillage.

C'est février le mois le plus sec, avec 38 mm en moyenne de précipitations, et septembre le plus arrosé, demeure malgré tout raisonnable, même si l'écart est grand jusqu'à 117 mm. Cette irrégularité des pluies présente peu de risques pour les vacanciers. Septembre, le mois le plus arrosé n'enregistre, pendant 19 jours sur 22 de précipitations, que des chutes de 0,1 mm à 10 mm de pluie. Mais pour les St-Barths, les risques de sécheresse comme ceux de se trouver sur la trajectoire des cyclones d'août à octobre, restent une vitale préoccupation. L'année s'articule en deux saisons. Le carême, époque des mois les plus secs, de janvier à avril, et l'hivernage, période humide de juin à octobre. C'est la transition qui peut être délicate. Si Carême vient à se prolonger, on s'inquiète d'une sécheresse qui causera bien des soucis à l'île privée de réserves en eau douce et potable.

Rappelons enfin que le risque réel de passage de cyclone sur St-Barth a conduit la municipalité de l'île à dresser des séries de consignes à observer : dès le début de la saison cyclonique, dès le déclenchement de l'Alerte n° 1, en cas d'Alerte n° 2, pendant le cyclone et en fin d'alerte.

Renseignez-vous auprès de la mairie pour le détail de ces consignes. Chaque année, également, la commission communale de sécurité dresse la liste des postes de secours médicaux et la liste des abris sûrs de l'île.

Les alertes et les consignes sont diffusées sur la radio (bulletins radiophoniques de R.F.O. Guadeloupe ou éventuellement émis de Porto Rico) et les services municipaux.

Le poste de Commandement des opérations ORSEC est situé au poste de police municipal de Saint-Barthélemy au rez-de-chaussée de la Mairie, rue August-Nyman. Il fonctionne dès l'alerte n° 1, tél. : 27.66.66.

Nautisme

Les loups de mer aiment St-Barth. Proche des Iles Vierges et de Puerto Rico, zones n° 1 pour la navigation de plaisance dans la Caraïbe, St-Barth ignore, et de beaucoup, leur suréquipement à l'américaine. Un vent de liberté souffle sur l'île française qui oppose résolument au modernisme de ses voisines le naturel de ses mouillages et la tranquillité de Gustavia.

Depuis 1977, une migration gonflante d'année en année conduit les plaisanciers à St-Barth pour les régates de février. Ces journées qui n'atteignent pas l'engouement pour celles d'Antigua, à Pâques, créent tout de même une ambiance appréciée et prometteuse pour les années à venir.

L'île peut accueillir s'il le faut jusqu'à 500 bateaux attirés par ses mouillages.
— **Gustavia**, dont la rade même, profonde de 4 à 5 m, peut contenir une quarantaine de yachts, parmi toutes sortes de bâtiments et d'embarcations.
— **Public et Corossol**, qui jouent le rôle d'un avant-port de plus en plus apprécié.
— **Colombier et les abords de l'Ile Fourchue** vers le nord-ouest, qui présentent tous les deux encore les agréments de mouillages presque sauvages.

Pendant la saison des cyclones, les bateaux doivent rejoindre en cas d'alerte les refuges prévus de Saint-Martin.

« Si vous voulez parler de St-Barth aux gens de bateaux » m'a confié un capitaine, « prévenez-les qu'on y trouve les pièces de rechange chez le coiffeur, qu'on vérifie les bouteilles de plongée chez le photographe, qu'on achète la glace à l'imprimerie, etc. etc. Avec ça, tout ira bien ».

C'est vrai que les structures d'accueil, d'entretien et de réparation n'existent encore que sur le papier, dans le projet de la marina et du grand Marine Yacht Services. En attendant, le ravitaillement des équipages n'est pas pour autant menacé dans ce port franc où le négoce est actif. Mais pour la santé du bateau, il ne faudra compter que sur vous-même.

Infos - tuyaux - bateaux

Dans la journée :
Tout se passe à Gustavia au magasin Loulou's Marine (fermé l'après-midi), tél. : 27.62.74. Entrée interdite aux « dindons », terme suggestif désignant les touristes pour les Américains. Une boutique, côté port, prévue pour les besoins du bateau, le confort et le chic de son équipage. Des chaussures, des cannes à pêche, du cordage et de quoi bricoler. Tout sur des rayons où vous farfouillerez sous l'œil de Loulou en personne. Si vous le lui demandez, vous pourrez aussi ramasser chez lui votre courrier. Et pour les creux de la vague, dans les heures creuses ou de vague à l'âme, vous pourrez lui emprunter (et rapporter) des polars et des romans à tuer le temps (surtout en anglais).

Au Select, « Marius Systembolag », pour la bouche-à-oreille accoudé, appuyé ou accroché selon l'heure à un bar de dimension raisonnable pour une terre où l'alcool coule en duty free. Pour ne pas boire à jeun, il y a un snack sous la tonnelle colorée au coin de la rue de France. C'est à la fois le bistrot du port, le café du commerce et l'auberge du sourire. Menez bien votre barque dans ce port franc, car sur cette zone de libre-échange, le transit ne manque pas. Pour les solitaires, il y a des flippers et des bouquins sur St-Barth. Enfin, et surtout, le Select est toute l'année un vivant musée de l'amitié suédo-st-barth, dont la flamme est entretenue par le maître du lieu, le chevalier dans l'Ordre royal de l'Etoile polaire.

Charters

St-Barth n'est pas une base organisée de charters. Mais à longueur d'année, des bateaux et leurs capitaines proposent, le temps d'une saison, de grandes possibilités d'excursions et de ballades dans les îles voisines, ou des voyages au long cours. La formule la mieux adaptée au passage éclair de la plupart des touristes est le « day-charter ». Au menu, le plus souvent : tour de l'île avec escale à Colombier, Ile Fourchue, ou emplettes à Saint-Martin, si ces programmes ne vous conviennent pas, tout est possible à la carte. Repas et boissons à bord, de préférence à discrétion, sont compris.

Renseignements à l'Office du Tourisme et dans les hôtels, ou bien à glaner, comme le reste, entre la Presqu'île et La Trinquette. Beaucoup sont amarrés à La Marine. Malgré le caractère saisonnier des charters, quelques-uns parmi les fidèles seront peut-être là quand vous passerez.

Liaison & excursion à Saint-Martin

La traversée pour l'île jumelle est une classique que se disputent tous les navigateurs à qui vous vous adresserez directement. Vous pourrez aussi vous confier à des spécialistes comme les catamarans, ou encore prendre l'avion.

A noter : traversée en canot à moteur (45 minutes), tél. : 27.66.16 ou La Marine. En catamarans (2 heures), tél. : 27.66.30 ou contact direct dans la rade vers 11 h. La traversée est régulièrement assurée au départ de Saint-Martin. Arrivée en fin de matinée à Gustavia. On peut, sur demande, embarquer à St-Barth à la mi-journée et revenir le lendemain. On peut aussi partir pour la journée, départ 8 h 45, retour en fin d'après-midi. Une formule spéciale chaque vendredi, « St-Martin shopping's day » sur l'Archelios 54 ft.

For yachtsmen, diving enthusiasts, and others

Each year, more and more yachts of all shapes and sizes, it seems, visit St Barth. Many, of course, come for the Regatta. Another reason is geographical : the island lies almost halfway between Antigua and Virgin Gorda, both yachting centers of major importance. In contrast to English Harbour (except during the St Barth Regatta) Gustavia offers the sailor a tranquillity not found on other islands. Yet there are conveniences here : small supermarkets, a well-stocked chandlery, cheap liquor, excellent restaurants and almost all within walking distance of the dock. And then, of course, there is that delightful, French flavor.

The island can accommodate almost five hundred yachts (if it had to) most of them, understandably, at anchor.

Gustavia
The harbour itself, between four and five meters in depth offers mooring or docking facilities for approximately forty vessels.

Public and Corossol
Less crowded than Gustavia, and more appreciated each year.

Bay of St Jean
Splendid beaches, but not recommended in a strong north wind. Old pirate anchorage.

Colombier and the Ile Fourchue
The least crowded of them all. The latter, a small, horseshoe-shaped isle just to the north of St Barth, is uninhabited.

"If you want to explain what facilities St Barth can offer", said a veteran yachtsman, "you'd better choose yours words carefully. You exchange your money at the barber shop, have your diving bottles checked at the photographer's studio, and buy your ice at the printer's office. And so forth and son on. Blimey, before you're half finished, they're giving you that funny look".

Activities, information, and relaxation
If what you're looking for is even remotely connected with yachting, chances are you'll find it at Loulou's Marine (closed Mondays). Their stock includes ropes, anchors, compasses, spear guns, blocks, antifouling paint, varnish, nails, charts, fishing rods, reels, outboard engines, place mats, lanterns, foul weather gear, even boots and mocassins, as well as other items too numerous to mention. Language is no barrier here, as Loulou and his staff all speak fluent English. You can also make arrangements to collect mail here, and if you're buying or selling anything from a sewing machine to a hundred-foot schooner, you'll want to take advantage of their bulletin board.

Yacht charters
St Barth is not yet an organized charter base, although it probably will become one in the near future. Nevertheless, there are ample opportunities to find a boat in which neighboring and even more distant islands. Day charters are readily available, and almost all offer lunch and wine in an inclusive and reasonably-priced package. Whether your preference is sailing, snorkeling, beachcombing, or just plain lazing in deck, it's wonderful way to pass the day. Details can be obtained from the Office of Tourism signs to that affect.

Ferry and excursion services to St Martin
By motor launch (approximately 45 minutes), tel. : 27.66.16 or contact La Marine coffee shop.

By catamaran (about two hours), tel. : 27.66.30, or contact the skippers directly when their ships come into Gustavia harbour around noon.

The Archelois (54 ft.) offers a "St Martin shopping excursion" each Friday.

« **Bonjour Saint-Barth** », guide touristique et pratique.
ISBN 2.903696.05.5
© **1987 Les Editions du Pélican** — Camaruch - Marigot 97133
Saint-Barthèlemy (F.W.I.) S.A.R.L. au capital de 50 000 F. SIRET
321.724.379.000.11. Code APE 5112.
Antilles : Loïc Codrons. 24, allée des Perdrix. Sicaf Destrellan
97122 Baie-Mahault - Guadeloupe. Tél. : 19.590.26.19.95 et
19.590.27.65.99 (Saint-Barthèlemy)
St-Martin. Philippe Fiore B.P. 75 Marigot 97150. Tél. :
19.590.87.70.96.
Métropole : Jean-Michel Renault (J.-M.R.) Les Créations du
Pélican. « La maison d'Eurydice », avenue de M. Teste 34070
Montpellier. Tél. : 67.45.24.21.
Directeurs de la publication : Loïc Codrons (L.C.), J.-M.R.
Rédaction : Alain Garnier (A.G.), J.M.R., L.C., Simon Barnard
(S.B.)
Traduction : S.B.
Photos et illustrations : J.-M.R.
Complément photographique : A.G., Vianey Stakelborough
(V.S.), Christophe Jouany (C.J.), Jean-Paul Roudil (J.-P.R.), Alik
(A.), Frères Blateau/St-Barth plongée (Fr.B.), Saba Tourist Bureau
(S.T.B.), Anguilla Department of Tourism (A.D.T.), S.B., Patrick
Olier (P.O.).
Sources de documentation historique : St-Barth Society of
Sweden, Musée de l'Homme (M.H.), Bibliothèque Nationale
(B.N.), Anguilla Archaeological & Historical Society, Statens Sjö-
historiska Museum (S.S.M.), Riksarkivet, Stockholm (R.S.), Archi-
ves départementales de Basse-Terre (A.B.T.).
Collections personnelles de photos et cartes postales anciennes
de Mlle Magras, Marius Stackelborough et J.-M.R. La reproduc-
tion des textes, photos, illustrations, cartes ou parties d'entre eux
par quelque procédé que ce soit et pour tout pays, est rigoureu-
sement interdite. Tous droits réservés aux Editions du Pélican.
« **Bonjour Saint-Barth** » est une réalisation des « Créations
du Pélican ».

Photocomposition : Anadine Compo, Montpellier.
Photogravure : Photogravure du Pays d'Oc, Anduze (Gard).
Dépôt légal mars 1988.
Achevé d'imprimer en mars 1988 par AZ Offset à Anduze
(Gard).
Nous remercions tout particulièrement Mlle Elise Magras
de l'Office municipal du Tourisme de Saint-Barthèlemy
ainsi que sa sœur Marie-Jo, la Municipalité de Gustavia
ainsi que les animateurs du Club de plongée de St-Barth,
pour leur aimable et active collaboration à l'élaboration de
ce guide.